治安之道

宫志刚　邵亚茹　著

中国人民公安大学出版社
·北　京·

图书在版编目（CIP）数据

治安之道／宫志刚，邵亚茹编．—北京：中国人民公安大学出版社，2016.10

ISBN 978－7－5653－2778－0

Ⅰ.①治…　Ⅱ.①宫…②邵…　Ⅲ.①治安管理　Ⅳ.①D035.34

中国版本图书馆CIP数据核字（2016）第261351号

治安之道

宫志刚　邵亚茹　著

出版发行：中国人民公安大学出版社
地　　址：北京市西城区木樨地南里
邮政编码：100038
经　　销：新华书店
印　　刷：北京市泰锐印刷有限责任公司

版　　次：2016年10月第1版
印　　次：2019年7月第2次
印　　张：16.75
开　　本：787毫米×1092毫米　1/16
字　　数：214千字

书　　号：ISBN 978－7－5653－2778－0
定　　价：60.00元

网　　址：www.cppsup.com.cn　www.porclub.com.cn
电子邮箱：zbs@cppsup.com　zbs@cppsu.edu.cn

营销中心电话：010－83903254
读者服务部电话（门市）：010－83903257
警官读者俱乐部电话（网购、邮购）：010－83903253
教材分社电话：010－83903259

序

治安学之“治安”作动词解释，是指维护治安秩序的实践活动。治安之道，简单地说就是人们对维护治安秩序实践活动基本规律的哲学反思。所以，治安之道也可以称为治安哲学。众所周知，治安秩序是人类社会存在发展的基础，维护治安秩序是一项十分复杂的系统工程，需要具备辩证的思维方式。治安本身内在的这种复杂性长期以来都被人们忽略了。如何揭示治安本质内在丰富的内容需要进行学理性的系统研究。然而，专门进行此方面的研究很少，从大的方面看，这与治安在社会实践中的地位及人类社会发展的进程等原因密切相关，从小的方面看，这与缺少完整的学历教育体制有关。治安学在我们国家有完整的学历教育体系，也只有这种组织性很强的研究模式才能将治安内在蕴藏的知识体系挖掘出来。我是在为中国人民公安大学的治安管理方向的硕士研究生开设“治安哲学”这门课的时候，开始对治安进行哲学思考的，对其内在的一些具有本质性、规律性的问题做系统研究的。

刚开始讲治安哲学这门课学生有些听不太懂，因为之前很少有人对治安进行哲学思考，思维方式使用的还是一种简单的线性思维方式，而不是用系统的、矛盾的、整体的、联系的辩证思维方式。长期以来治安学的理论研究水平不高，很多人不重视理论研究，甚至治安管理方向的课程的名称同具体工作的名称也分不开，这与学历教育的宗旨是不相符的，因此常被人诟病。所以，对治安学进行系统的理论研究刻不容缓。可是，当我给学生讲授诸如治安的逻辑起点、治安的本质、治安的价值等纯学理性问题的时候，发现学生有些听不懂，一些本科学理工的同学更是云里雾里不得要领。可是这些治安学的理论问题是必须要掌握的基础知识，如果不掌握很难进行治安研究。那么怎么解决学生听不懂的问题呢？我授课中做了许多尝试，后来证明最好的一种方式就是我将这些晦涩难懂的理论用形象的事例来说明，学生一下就明白了。我尝到了甜头后，就对治安哲学课中的一些重要的地方都进行了形象化处理。这是个非常艰苦的工作，要具备两个条件，一是对深藏于治安实践中的丰富内容要准确把握，抽象出简明的基本概念，进而进行理论概括；二是将这些理论生动形象地表达出来。前者的意义主要是学科建设的内在要求，后者的意义就是让这些理论走出象牙塔，为普通人所掌握，具体地指导治安实践。

当时我给学生讲了两个例子，一个是“狼步理论”，我根据狼追黄羊的特点来说明治安工作中的打防策略整体运筹、动态思考的辩证关系。用“天鹅理论”阐述了大型活动治安管理的主客体融合分离辩证关系的复杂状态。用学生们能听懂的语言来表达治安实践内在的具有规律性的一般现象，将治安学和治安实践自有的学术性和应用性表达出来。治安实践这种规律性的现象具有稳定性、一致性和确定性的特点，这也是我们为什么将解读这些现象的学说冠之为“理论”的原因。怎么将这些规律性的内容提炼出来，再形象地表达出来？这就要求研究者既要对治安的本质有深刻地理解和对治安的实际准确把握，还要有丰富的想象力和生动活泼的文字表达能力。这其实是一个非常艰苦的创造过程，治安学领域之前从未有人尝试过。在这个过程中，我的一个最大的感受是，有多少聪明才智都不够用，面对古今中外博大精深的治安学和治安实践，要学习和掌握的知识太多了。

创造不是杜撰，不是闭门造车，它的材料来源就是具体的治安警务实际。为了实现有条理、不紊乱、无危险地生活这个目标，人类社会在维护治安秩序的实践中积累了丰富的经验，闪烁着智慧的光芒。维护治安秩序的具体警务人员是真正的创造者，正是他们的艰辛探索才维护着人类社会的存续和发展。将这些在人类社会演进中发挥如此重要作用的聪明才智抽象概括出来正是治安哲学的使命。抱着这个想法，我一直在收集这方面的材料，我带的研究生也纷纷参入其中，书中的很多条目中都留下了年轻学生的辛勤汗水。日积月累，经过多年的积累，攒下了大量的资料。

这本小册子能够面世，还要特别感谢我的硕士研究生邵亚茹同学。她是以本科阶段优异的成绩被推免本校治安学院2013级硕士研究生。邵亚茹同学是我硕士研究生的优秀代表，同龄的同学们常常以她为榜样，老师们也常常用她来激励其他学生。她聪明好学，在本科阶段就通过了司法考试，超常的智商和情商使她有了充裕的时间和精力帮我整理这些资料。我将收集到的所有资料交给她进行逐条筛选。她还对每条理论的出处都进行了核对，并对每条理论在治安警务工作中的体现进行了阐述。在2014年实习以后，她结合实习的一些体会又对部分资料进行了补充，经过两年多的努力才整理成稿。邵亚茹同学学习治安学长达7年的时间，她对这些治安实践中凝练出来的一些基本理论的理解很有代表性。但是，这些理解，只是这些理论内涵表现的一个侧面，或者说是理解这些理论的一个导读，还远远不是全部。

张家轩同学是治安学院2014级的本科生，她对所有条目都进行了分析，化了大量的时间将其中一些理论中的精髓用图画描述出来，使这些理论既好理解又好记忆。我是给她授课时知道她有绘画的才能，我就将我的意图跟她说明了，她欣然接受了任务，用了半年多的时间创作出了生动形象的图画。

理论只有走下神坛才能有生命力。让学生听懂理论仅仅是一个目的，让从事治安警务实践的实际工作者听懂了而且会运用是另一个目的。我在为一线的实际部门人员授课的时候经常使用这些理论，发现他们不仅听得懂，而且听得高兴，最主要的还能够将这些理论口口相传，灵活运用，这使我十分欣慰。这些本来就来自具体实践中的智慧又回到了产生它们的土壤。

同时，出版这本小册子，中国人民公安大学出版社教材分社的编辑同志费了很多心血审阅稿件，多次给我提出了许多宝贵的建议。

由于书中的条目其自身内容的独立性，所以没有刻意编排，但是大致也有一个逻辑关系，主要是按照治安秩序的结构因素即治安主体、治安规范和治安实体排列的。我坚持用治安之道作为书的题目也是想表达这样一个意思，即将治安知识和治安实践简单化既不利于治安学的学科发展，也会对治安实际造成伤害。事实证明，维护治安秩序需要大智慧，在人类知识的繁星中，维护秩序的智慧之星，也许不是最夺目的，但却是最不能缺失的，这也许就是治安之道吧。我常想，那些为人类社会做出突出贡献的民族就是深谙此道的民族！

宫志刚

2016 年 7 月 17 日于北京

目　录

目　录

目　录

目　录

目　录

目　录

路径理论

路径理论

解释：美国加州洛杉矶迪士尼的路径设计被誉为世界最佳设计，是建筑大师格罗培斯的杰作。一个老妇人因年迈无力料理葡萄园，于是她想出了一个办法，在葡萄园旁立了一块告示：只要在箱子里投入5法郎就可以摘一篮葡萄上路。她这种“给人自由，任其选择”的做法使格罗培斯大师深受启发。他在正式动工前让施工部在空地撒下草种，提前开放。不久，小草长出来了，整个乐园的空地被绿草所覆盖。在迪士尼乐园提前开放的半年里，草地被踩出许多小道，这些被踩出的小道有宽有窄，幽雅自然。

应用：美国学者弗朗西斯·福山在其《大分裂》一书中讲述了“斯拉格”现象：美国华盛顿市郊，人们在交通高峰期选择以结伴的方式乘坐陌生人的顺路车回家，民间兴起的这种交通方式大大减少了上路汽车的数量，缓解了交通拥堵，提高了通行效率。当地政府顺势将这段路的内车道设定为满载车辆专用道，这种做法鼓励了结伴搭车的行为。这与路径理论所阐明的理念具有异曲同工之处。以民意作为立法之源，以投票为公共决策一锤定音，只有符合民意、尊重民众选择的规范、政策，才能赢得民众的拥护，才能得到民众自觉、自愿地遵守和服从。警务是以人为中心的社会管理工作，“给人自由，任其选择”的理念对于警务工作的启发是多方面的。

建造道路的目标是服务于人，道路的设计要符合人的行走习惯，更好地满足人的行走体验，这是道路设计之初应予以考虑的。人的参与是制定人性化决策的基础。社区是居民的栖息之所，社区的安全与有序与每一个社区居民息息相关。社区警务是公安机关为实现对治安管理而采取的警务模式，其形式是以建立社区警务室或指派社区民警的方式建立起与社区居民的密切联系，目的在于为社区居民创造良好的治安环境。路径理论对于社区警务的启发在于：扎根于社区是社区警务的生命力之所在，社区居民的参与是开展社区警务的动力。社区民众参与到社区警务中，包括社区民众参与社区警务目标的制定、由社区民众决定社区所将采取的社区防控措施、社区民众参与社区治安防控活动等。各地警务实践中出现的具体做法有：由公安机关主导社区治安防控联席会议，社区居民参与会议的讨论；由社区民警和社区基层自治组织联合组织和开展社区居民大会，社区民警提供专业指导，由社区民众决定社区警务的具体落实；社区治安自愿力量参与社区治安防控工作，如治安联防队、治安志愿者等。浙江省湖州市推行警务广场，以“让民意领跑警务，让警务保障民生”为宗旨，通过民警走进社区，走近民众，了解民众对警务工作的看法和期望，以民意作为改进警务工作的依据，这种民意导向警务既能提高民众对警务工作的满意度，又能赢得民众对警务工作的支持和理解。这是警务实践对路径理论的生动诠释。

道路的设计要体现人本的理念，公安执法亦要体现人性化。基于审慎立法精神，我国法律给执法部门的实际工作留予了较大的裁量空间。公安执法涉及广泛的领域，警察裁量权弥散在警察许可、警察调查、警察强制、警察处罚、警察指导等警察行政的所有领域和环节。警察在执法工作中经常需要面对大量的裁量案件，如何在法律制定的框架中合理地进行裁量是每一名警察所必须具有的智慧。在车流高峰时期，由于道路拥堵，出现车辆轻微压线的违章行为，如果警察截停违章车辆实施处罚将会迅速造成高峰期大面积的车辆拥堵，影响交通秩序，在这样的情况下，相比于机械执法，基于立法的本意进行处置会是警察更好的选择。对于高峰期不可避免的轻微违章行为，只要其性质轻微，不影响整体的交通秩序，就没有必要采取严正的处罚措施。对违章司机进行口头警告，要求其及时纠正违章行为，这样的做法保证了高峰期道路交通的顺畅，遵循了相关法律的立法本意。交通法规立法本意在于保障道路交通安全和有序，根本上是服务于人。当然，这种做法并不是提倡警察执法不作为、容忍违法行为，而是在执法过程中要避免机械执法，倡导一种以立法原旨为基础的人性化执法方式。人性化执法首先要以遵循法律为前提，依法执法，但是当按照法律规定严格执法无助于解决问题甚至会恶化问题时，应在合法的框架内，从立法原旨出发进行裁量，充分考虑现实情况，以作出合法而合理的执法决定。需要指出的是，这种基于立法本意的执法方式仅仅适用于违法行为性质轻微且机械执法无益的情形。

沙堆效应

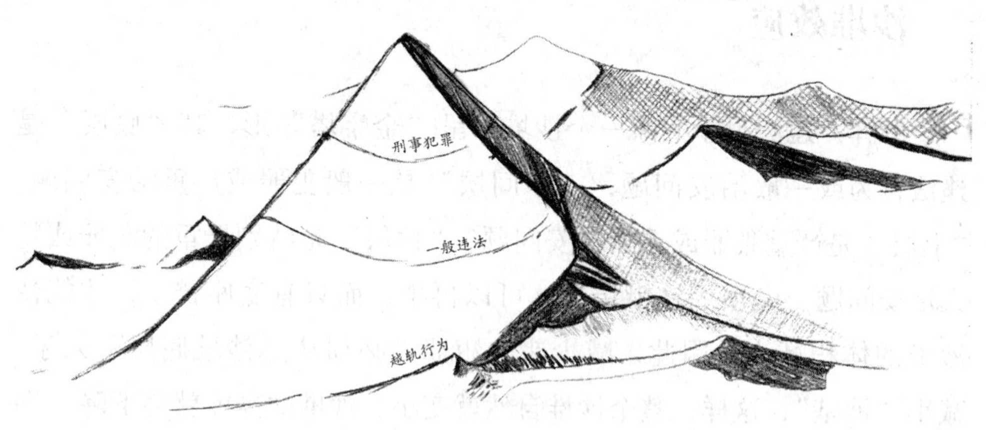

沙堆效应

解释：违法犯罪就像一个沙堆，呈“金字塔”形，其“底层”是违法行为或一般治安问题，“中间层”是一般犯罪或严重治安问题，“上层”是严重犯罪或重大治安问题，“顶层”是特别严重的犯罪或特大治安问题。尖顶用铁锹铲了，可以再生，而只有底座铲了，才能使沙堆的体积减小。因此，减少违法犯罪，必须从“沙堆底层”入手，减小“沙基”，这样，整个沙堆自然就变小、沙堆的高度就会下降（即重大、特大的犯罪或治安问题减少）。社会公众对违法犯罪的感受直接取决于社会上实际发生的重大违法犯罪行为。因此，要注意对待沙堆顶部，即对黑恶势力等严重违法犯罪的打击。

应用：群众对社会治安状况的总体评价直接取决于重大刑事案件的破案率，这也是社会公众评价公安工作的重要指标之一。改革开放后，五次犯罪浪潮不断对我国社会治安发起冲击，为遏制违法犯罪的猖獗之势，全国公安机关发起了多次“严打”行动，严厉打击严重违法犯罪行为，坚定了公众对社会治安形势的信心，保障了社会主义现代化建设事业平稳推进。严重违法犯罪行为是影响社会公众安全感的重要因素，打击严重违法犯罪行为是国家和社会对公安机关的嘱托与期许，更是公安机关向犯罪势力严正宣示惩恶扬善、捍卫社会正义的决心的方式。沙堆顶端直接决定了人们对沙堆高度的估计，沙堆效应道出了人们对社会治安的评价和感受直接受到严重违法犯罪的影响。

在社会中引发广泛影响、引起公众普遍关注的重大违法犯罪案件若不及时侦破，不仅会引发不良的负面效应，刺激犯罪，而且会影响社会公众的安全感，甚至会促使公众转移“标靶”，将对违法犯罪形势的不满转化为对公安机关执法不力的指责。就现阶段而言，倡导及时侦破重大刑事案件具有较好的社会效益。需要着重指出的是，打击严重违法犯罪行为要坚决贯彻社会主义法治理念，公安机关要逐步转换办案思维，以法治思维和法治方式展开案件侦查工作，通过提高侦查技术手段克服对讯问的依赖，通过提高警务科技化水平提高侦破案件的效率。

社会总体犯罪水平的降低不仅要着力于打击严重刑事犯罪，而且要重视对轻微违法犯罪行为的整治，二者不可偏废。消除沙堆顶端，能够显著降低沙堆的高度。公安机关有力打击严重刑事犯罪能够起到威慑违法犯罪分子的社会效果，同时也有助于提高公众安全感。但是滞后性的刑事打击措施对于社会总体犯罪水平的作用，就好比只铲除了沙堆的顶尖，由于影响社会治安的积弊和根基没有消除，社会控制稍有松动，犯罪势头就会迅速死灰复燃。

其中原因在于违法犯罪行为的发生是一个发展的过程，它起源于社会越轨行为，在缺乏规制的情况下演变为轻微违法行为，最终才演化为违法犯罪行为。此外，社会对于越轨行为和轻微违法行为的放纵和容忍，往往会导致犯罪分子形成社会条件有利于犯罪的错误认识和判断，诱使其进行违法犯罪行为。因此，减少违法犯罪，要消除沙堆顶层，即严重违法犯罪行为，以打击犯罪分子的嚣张气焰；与此同时，更要认识到表层的打击行动只是治标之策，而治本之道在于减少沙堆的底层，也就是影响社会总体犯罪水平的决定性因素——轻微违法行为和越轨行为的数量，只要底层沙量减少，整个沙堆的高度自然就会下降。所以，对于降低社会总体犯罪水平，除了要坚持采取严厉打击违法犯罪行为的刑事措施之外，还要致力于解决根源性问题，适时打击轻微违法行为和及时制止社会越轨行为。社会治安防控体系建设的提出适应了社会对于降低总体犯罪水平和提高公众安全感的要求。对于公安机关而言，严厉打击违法犯罪行为和适时惩处违反治安管理的行为，要双管齐下；对于社会治安综合治理而言，政府相关部门要承担起相应的社会治安责任，将维护社会治安秩序、预防和减少违法犯罪行为的目标纳入到制定社会政策、采取社会管理措施的考虑范围；对于社区而言，制定社区行为规范制度，对乱扔垃圾、随意涂鸦等违反公民基本道德的行为或影响社区居住环境的行为进行制止和规范，以减少越轨行为的发生。从个人、社区到社会建立起对越轨行为、轻微违法行为等影响和危害社会的行为的有效规约机制，从根本上消除犯罪滋生和蔓延的土壤，才能真正实现降低社会总体犯罪水平的社会治安目标。

破窗理论

破窗理论

解释：破窗理论是零容忍警务理论的基础。美国斯坦福大学心理学家菲利普·辛巴杜（Philip Zimbardo）于 1969 年进行了一项实验，他找来两辆一模一样的汽车，把其中的一辆停在加州帕洛阿尔托的中产阶级社区，而另一辆停在相对杂乱的纽约布朗克斯区。停在布朗克斯的那辆，他把车牌摘掉，把车篷打开，结果当天就被偷走了。而放在帕洛阿尔托的那一辆，一个星期也无人理睬。后来，辛巴杜用锤子把那辆车的玻璃敲了个大洞。结果呢，仅仅过了几个小时，它就不见了。以这项实验为基础，1982 年美国政治学家詹姆斯·Q. 威尔逊（Janes·Q. Wilson）和犯罪学家乔治·L. 凯琳（George·L. Kelling）提出了破窗理论（Broken Windows Theory）。他们用“破窗”这个词，直观地表达了该理论的内涵。破窗理论的基本思想是如果社区中有一栋建筑的一扇窗户遭到破坏而无人修理，那么肇事者就得到了自己可以任意进行破坏的某种暗示，受到某些示范性的纵容去打烂更多的窗户，久而久之，这些破窗户就会给人造成一种社会无秩序的感觉，结果在社会公众麻木不仁的氛围中，犯罪就会滋生和猖獗起来。

应用：不符合道德规范的行为、轻微违法行为与严重犯罪行为一样，都会造成社会大众的犯罪恐惧感。严重犯罪行为固然不容忽视，但是，社会大众平时最为关心、感受最深的是社会上大量存在的轻微违法犯罪行为。如果容忍这些容易使人产生恐惧感的轻微违法犯罪行为，就会形成一种社会治安失控、社会秩序混乱的氛围。这种氛围是一种犯罪的前兆，如果不及时干预，公众就会对警察与政府失去信心，进而失去正义感和社会责任感；相反，那些潜在的犯罪分子则会受到鼓舞，各种反社会的行为也会通过相互学习而得到传染和蔓延，结果就会导致社会生活质量日趋恶化，居民的犯罪恐惧感加深，而使得犯罪的数量和恶性程度日趋升高。因此，社会治安最根本的措施就是要从各种反社会的行为、越轨行为和轻微违法行为入手，使其没有机会转变成重大犯罪，及时遏制违法犯罪的苗头。

我国谚语“破罐子破摔”与破窗理论所阐述的警务理念有相似之处。“破罐子破摔”所折射出的是一种心态，即公众感知到社会治安秩序正在遭受某些违法犯罪行为的破坏，但是没有得到及时有效的控制。秩序紊乱的状况会使得公众普遍感觉到秩序失控，社会控制力量疲软，违法犯罪将接踵而至，自己随时都可能遭受违法犯罪行为的侵害，因而产生不安全感和恐惧感。公众对犯罪的恐惧会助长违法犯罪的嚣张气焰。而不良的治安秩序向潜在的违法犯罪势力传达出了社会控制弱化、无力的信息，社会控制机制对治安秩序紊乱的漠视和无力使更多的违法犯罪分子心存侥幸，导致趁火打劫、趁乱作案等违法犯罪行为大量滋生。

“零容忍”政策

“零容忍”政策

解释：美国纽约一向被称为“犯罪之都”，但是，自1994年以来，这一城市的治安状况却有了明显的改善：在1994—1997年短短三年间，纽约的犯罪率降低了37%，凶杀案件的犯罪率甚至降低了50%以上，达到了纽约近30年以来犯罪率的最低点。许多媒体、政治家和犯罪学家都把这种巨大的转变归功于纽约警察局大力推行的“零容忍”（Zero Tolerance）政策。这使得零容忍政策迅速成为大家关注的焦点。英国、法国、墨西哥等多个国家争相学习和引进，“零容忍”的口号也因此传遍了全世界。零容忍政策最主要的倡导者是前纽约警察局（NYPD）局长威廉·J. 布拉顿（William·J. Bratton）和他的助手杰克·梅波（Jack Maple）。他们认为，“以主动攻击的策略严厉打击轻微犯罪，会对降低犯罪率产生积极的影响”。这种认识也是美国警察队伍中的普遍认识，这种集体的经验和智慧是“零容忍”实施的基础。

应用：“零容忍”政策不是一种立法或者司法方面的政策，而是一种警务执行政策。“零容忍”作为一种警务工作指导策略的概括表述，虽然迄今还没有统一的、明确的学术定义，但是，人们一般认为，“零容忍”政策的核心就是要对各种反社会的行为和犯罪采取严厉打击的态度，哪怕是对轻微的违法犯罪行为，也要毫不犹豫、决不妥协地进行彻底的斗争。“零容忍”的观点认为，相对于犯罪的实际发生来说，受到犯罪侵害的恐惧和对犯罪高发率的担忧本身，也是同样重要的问题。因此，像强行乞讨、毁坏公物、酗酒、随地大小便、在公共场所胡乱涂鸦、违章驾驶等各种影响社会生活质量的轻微犯罪和街头犯罪，不仅直接刺激了人们对犯罪的恐惧感，同时也直接成为暴力犯罪和其他恶性犯罪的导火索。

“稻草人”理论

“稻草人”理论

解释：“稻草人”理论是李健和教授提出的。该理论指出，警务力量的展示就像田间的稻草人一样，它并不一定采取什么措施，其本身就是对犯罪分子和犯罪行为的一种震慑。治安志愿者很多都是上了年纪的大爷大妈，以他们的身体条件是很难制止多数由青壮年实施的违法犯罪的，但是他们的治安巡逻、社区看护等行动却能产生很好的震慑违法犯罪的效果，这就是“稻草人”理论的典型应用。

应用：就好比稻草人并没有对鸟类构成实质性的威胁，但是却能够对鸟类起到震慑的作用，防止其偷吃稻穗。“稻草人”理论实质就是利用标志性的警务力量来起到维护秩序、震慑和抑制犯罪的作用。“稻草人”理论对社会治安防控的启发意义是在社区警务和社会面巡逻防控中引入治安志愿力量。在社区治安防控中，动员社区离退休人员参与治安联防，与社区老人协会合作建立社区警情通报联防机制，监视进入社区的陌生人等社区异动，及时将警情上报；动员街道商家参与治安联防，店员佩戴治安联防队员标志，表明治安志愿者的身份达到对潜在犯罪分子的震慑作用。社会面巡逻防控中采取的做法有：为下岗职工等就业困难人员安置治安巡逻岗位以充实社会面巡逻力量，加强治安巡逻，提高街面见“警”率；在北京街头承担治安联防任务的除了警察、专职保安之外，还有一批大爷大妈担任的治安志愿者，这批志愿者遍布于公交站点、十字路口等部位，在引导交通秩序的同时，对于易于在人群密集处发生的小偷小盗也起到了一定的震慑作用。

狼步理论

狼步理论

解释：在动物界的捕猎过程中，狮子捕食羚羊，在追捕过程中，如果前100米追不上，狮子可能就会放弃对猎物的捕食，但如果是狼追捕羚羊，它会一直紧随其后，时而快跑，时而慢跑，但从不放弃追捕，最后往往能够捕食成功，而羚羊到最后也可能被累死。

应用：狼步理论的精妙之处在于一个“控”字上，《说文解字》中对“控”字的解释是“控，引也。从手空声”。“手”代表控制者，要实现控制，在控制者与被控制者之间需要“空”间；英文 control 是不及物动词，连接宾语时的介词是 over，这说明英语国家对于控制的理解也是主张控制者要凌驾于被控制者之上，并且二者之间需要一定的距离。警务的本质就是社会控制。公安机关在社会控制的过程中可以借鉴狼步理论，深刻理解“控”的精髓。对于各类越轨、违法和犯罪行为的控制，既不逞一时之强，又不轻言放弃，做到引而不发。对于阶段性较为突出的违法犯罪行为，应果断采取专项整治、快速打击行动，将顶风作案的犯罪分子打压下去，减少显性犯罪。然而，这种做法并不是一剂万能良方，对于轻微违法行为等没有显著效果，特别是累犯、惯犯，由于受过公安机关的处理，熟悉公安机关的执法操作规律，能够逃避公安机关的打击，对于这部分顽劣犯罪分子，公安机关要借鉴狼群捕猎的做法，不能因为“魔高一丈”而予以放纵，亦不能急于求成，而要锲而不舍地采取控制手段。这里的控制是对重点对象的密切监控。利用现代化信息技术，建立针对重点犯罪分子的信息库，对重点人员实行重点监控。浙江公安整合旅馆登记信息、网吧登录信息和铁路乘车信息等各种联网数据建立全省打防控数据系统，实现了对重点人员的实时监控，该系统提高了公安机关预防和打击违法犯罪的灵活性和准确性。在刑事侦查领域“狼步”理论的运用和谚语“放长线钓大鱼”有互通之处，对于涉毒犯罪的侦破，公安机关的侦查行动就应该像狼步一样，从吸食毒品、贩卖毒品、运输毒品到制造毒品，一步步顺藤摸瓜，直捣毒品犯罪的巢穴。在侦查过程中不能急于求成、打草惊蛇以致侦查链条断裂，亦不能产生惰性、疏于追踪以致丧失控制，而要有长线作战的决心和毅力，掌握毒品犯罪的主动权，收放自如，直至捣毁整个毒品犯罪链。

狼步理论对于社会治安防控的启发在于：公安机关要认识到犯罪是社会的常态现象，难以完全根绝，要清楚地认识到预防和打击犯罪是一项长期的工作，要像狼步一样对犯罪保持实施适度的控制，掌握控制犯罪的精髓，当犯罪高发，严重影响社会治安大局时，公安机关要加紧对高发犯罪的打击，如以犯罪率或多发犯罪类型为指标定期开展专项整治行动；当社会治安总体较为稳定时，公安机关要将犯罪控制的重点从打击转向防控。适时调整狼步的步幅和步频，依赖于对控制对象信息的掌握和判断。因此，公安信息化水平是当前公安工作发展的一个主流方向，凭借对社会治安情报的及时掌握和正确的分析研判，能够提高公安机关的治安防控水平。根据犯罪形势的变化，调整犯罪控制的战略，既保持对犯罪的适度控制，又能提高警力资源的利用率。

蛋黄酱理论

蛋黄酱理论

解释：罗伯特·兰沃西、劳伦斯·特拉维斯在《什么是警察——美国的经验》一书中提及蛋黄酱理论。该理论是美国警务采取的一种警力配置的策略。有些人喜欢在三明治上涂抹很多的蛋黄酱，但事实上适量的蛋黄酱就能大大地改善三明治的味道。抹得太多可能会浪费，抹得太少可能味道不够。

应用：蛋黄酱理论的要义在于“度”的把握。社会问题的解决依赖于社会资源的投入，然而，资源的有限性决定了资源的利用既要实现效用最大化，又要实现损耗最小化，提高资源利用率成为现实选择。资源的投入与目标的实现之间并不是正比关系。资源的无度投入，不仅会造成资源的严重浪费，而且可能于事无补，甚至可能出现“过犹不及”。为此，在社会管理中，蛋黄酱理论所倡导的经济理性就有一定的必要性。警力资源的配置和使用要遵循蛋黄酱理论，以成本效益理论安排警务工作的部署，提高警务资源的效能。在警务工作中，诸多领域能够发挥蛋黄酱理论的妙用。

对于公安人力资源管理而言，与蛋黄酱理论有着异曲同工之妙的是“无增长改善论”。警力的优化配置有利于提高警力效能，使人尽其责、物尽其用。公安决策部门在划定警务区，配置警力时，需要充分考虑当地的实际情况，以该地区的治安状况、民风社情等为依据，决定配置的警务室和警员的数量，而不能采取一刀切的做法。通盘而论，以治安形势较为严峻地区配置警力的标准应用于治安状况良好的地区，过度警力的滥用可能引发社会公众的猜疑和恐慌，影响社会公众的安全感，同时会导致该地区公安机关出现人浮于事，机构臃肿，效率低下的情况，造成极大的警力浪费。

对于社会治安防控而言，蛋黄酱理论的应用体现在治安防控资源的合理利用。对于以街面巡逻为重点的社会面治安防控，街面巡逻力量的合理配置，要以街区治安情况为依据，合理划定巡逻范围，以双警配置为基本标准，并根据街区人员密集程度、人员流动频率等指标，配备巡逻车等警用设备，以提高该区域街面防控能力。对于以社区警务为载体的社区治安防控，各地较为先进的做法是在较大型社区配置社区警务室，在较小型社区或偏远社区划定社区民警责任区，至少实现“一区一警”。

蛋黄酱理论的适用顺应了警力有限的现实，同时也将“民力无穷”的潜能发挥出来，即充分挖掘和利用社会治安防控资源。在社区治安防控中，要充分借鉴国外“邻里守望”和国内“枫桥经验”等治安防控的有益成分，调动社区人力资源的主动性和积极性，整合驻区商户、离退休人员、下岗失业人员等社区零散力量参与到社区治安防控中，通过资源整合，提高资源利用率，减少警力资源的浪费。以专门警力领导社区治安防控力量，提高社区治安防控的能力和水平，实现有效的社区治安防控。

治安被理论

治安被理论

解释:“安全被”理论是由理查德·埃里克森提出的,通过吸收一些核心的理论概念,应用经验性的研究方法,丰富了社会治理的理论。他认为,维护日常生活中所涉及的领域和基本设施秩序的力量不仅有警察,还有非公共组织和志愿者。这些非公共组织和志愿者的参与不仅体现他们所拥有的知识和服务,而且更为重要的是为公众提供了一张完整的“安全被”。由于观念和政策的变化趋势弱化了正式的社会控制,以至于国家主导的警务工作衰退,私人警务和志愿警务兴起。在英国,私人保安业正在挑战国家警察的活动范围,为了更好地研究作为维护社会安全实体一部分的私人保安业,埃里克森发明了“安全被”一词,用来反映英国警务机构的“拼凑”在现代社会的运作。英国警务机构按性质划分为:中央政府机构、地方政府机构、半私营机构、私营组织、志愿团体或合作社等,具体包括:内务部警察、英国交通警察、皇家公园警察、国防部警察、公园警察、邻里看护队、专有制和合同制保安、居民巡逻团体、维护治安组织、反恐打击队等。

有学者将“安全被”移植至我国,改而称之为“治安被”,并在我国现实语境中赋予了“治安被”以新的意义。“治安被”理论除了吸纳“安全被”对社会力量参与社会治安的理念外,更从“百衲布”这一生活意象展开形象的诠释,即“治安被”是由国家治安力量和社会治安力量合力织就的一张社会治安防控网,以国家治安力量为主导建立起社会治安工作的整体格局，社会治安力量以“缝补”“填充”的形式承担起对国家治安力量薄弱、空白位置的治安防控任务，形成对社会治安的有力补充，这就是“群防群治”的理念。通过国家治安力量与社会治安力量的合作，消除犯罪滋长的灰色地带，形成对社会治安的全面覆盖和控制。

应用：“治安被”理论强调的不仅是一种全方位、无缝隙的治安防控理念，更重要的是体现了一种“群防群治”的理念。社会秩序、治安秩序的控制不能仅仅依靠公安机关的力量，更需要全社会各个组织横向、纵向或者水平、垂直的联动与配合，由各个社会部门和组织编织起一张控制的大网，也就是除了公安机关承担维护社会治安秩序、打击违法犯罪的社会职能外，也需要个人、社区及其他组织的力量参与到社会治安防控的活动中。

现代风险是与社会变迁相伴而生的，由此产生的个体和集体不安全感逐步增长。对安全对策和安全措施依赖性的日益增长，再加上安全措施市场化的进一步刺激，导致安全成为一种无法满足的欲望。因此，仅仅依靠警察来维护社会治安，提升安全感越来越难以达到。私人保安组织、社会服务机构及志愿者等警务社会化方式是警务工作的必要补充。为了顺应当代警务模式改革的趋势，警务社会化的启动，要把各种力量凝聚起来，为维护社会治安秩序协同合作。但是，需要确定公安机关在这一体系中的地位与作用。公安机关处于权威与领导地位，既是维护社会治安的权威力量，又要对保安业及其他服务组织进行监督与指导，这将有助于提升警察维护社会安全的地位，形成由警察主导，专有制保安、合同制保安、邻里守望队、邻里看护队、居民巡逻团体、街道守望巡逻团体、志愿团体和合作社等组成的治安防控体系。

近现代社会控制的特征之一是各个不同社会控制点和控制资源之间的界限正在模糊。社会控制的工具和手段正逐渐倾向于将那些零散的有关社会控制的战略、技术和行动联系起来。这些联合是一种“垂直”联合，在联合过程中，个人、社区和大量的公共组织都被列入到政府资助的项目中来了，这些项目用来解决犯罪、对犯罪的恐惧及反社会行为等问题。它们也可以进行“水平”联合，即公共机构和私人机构被鼓励加入到“多边机构”间的伙伴关系中，越过传统来行使各自的管辖权限。这样，就有了警察、监狱、缓刑、青少年犯罪预防小组、私人安全顾问、社会工作者、医生、邻里守望工作及治安违法者救助。这种“垂直”和“水平”的联合，似一张控制网一样，控制着社会秩序及安全，“合纵连横”织就起“群防群治”的社会“治安被”。

警务社会化的重要力量是适应市场经济发展而出现的保安服务业。中国保安业的出现源于中国经济结构的变化和传统思维方式、警务模式的不相适应性。安全被理论则为我国的警务变革提供了思路，即在公共领域发展社会化警务。警务社会化是警务工作一个不可逆转的发展趋势，它是要打破政府对警务的垄断，将警务工作普及到社会中，利用市场和社会的力量共同维护公共安全。我国警务社会化已有诸多尝试，如开展社区警务、实行治安承包、发展保安服务业等，并取得了良好的效果。要明确警务社会化这一发展趋势的根本原则，即党委领导、政府负责、社会协同、公众参与，只有四者紧密结合，才有可能真正实现警务社会化。

控制分割现象

解释：自20世纪80年代以来，将公共和私人角色进行区分是警务研究和现实政策中始终备受关注的焦点问题。在英国和其他一些国家，提供各类服务的机构越来越多，供人们选择的余地也越来越大，其中不少是私人保安的形式；与此同时，国家警察机构维护社会安全的首要地位已经开始衰退，这个过程伯顿斯和怀尔斯将其称为“控制的分割”。

应用：自改革开放以来，经济快速发展，人们的物质生活水平得到了显著的改善和提高；与此同时，社会转型所引发的一系列社会问题日益暴露和凸显，并呈现出复杂化的特点。其中，与人们休戚相关的是安全问题，人们越发关注对自身人身安全和私人财产的保护，对安全的需求急剧增加，安全需求亦呈现多样化的特点。由警察提供的公共安全产品越来越难以满足急剧增长且多样化的安全需求，供需之间的脱节催生了市场经济条件下的各类安全服务企业，如安全防范公司、私人保安服务企业等。在安全市场中呈现出了“控制分割”现象，出现了私人警务与公共警务共存的现象。

公共警务是以公安机关为主体的公共警务活动，是政府提供的公共安全产品。传统意义上由公安机关承担的打击违法犯罪、维护社会治安秩序等一系列社会职责均是安全产品的重要内容。而私人警务是指由包括市场化安全服务企业和自发性、志愿性的安全人员和组织等在内的私人警务力量。一般而言，以公共领域和私人领域为地理界限是划分公共警务和私人警务界限的标准。然而，随着社会治安形势的复杂化和安全需求多样化的发展，很多时候二者出现了重合，这种重合表现为：公共活动中公安机关与私人保安服务企业的合作。在以演唱会为代表的大型群体性娱乐活动中，除了有市场化的保安公司参与现场安保工作外，地方警力也是此类活动的重要安保力量，为整个活动的安保工作提供必要的安全指导和法律保障，防范由于人员大量聚集可能引发的踩踏事件、治安纠纷等各类影响现场观众安全的事件或案件的发生。而活动举办方聘请的私人保安则承担安全检查、现场秩序维持等大量具体和细致的安保工作。

在社区警务中，社区警务室和驻区民警是公安机关在社区的延伸，承担着社区中的公共警务工作，为社区居民提供统一的安全产品和公共服务。然而，由于财政支持有限、警力不足、社区警务难以满足社区个性化安全需求等情况的存在，社区警务室和驻区民警对社区的覆盖有限，更因地情、社情不同，有的地区出现了一个社区民警承担多个社区的警务，由一人担负万人的警务工作。单纯依赖公共警务难以满足实际存在的安全需求。因此，警务社会化成为弥补公共警务不足的选择。不同社区对安全的需求是不同的，对安全产品的支付能力也是不同的。高档社区的业主们能够承担较高的物业管理费，所接受的安全服务往往与支付水平相匹配；一般社区所接受的是常规化的安全服务，如巡逻、限制出入等，尚不能形成完整的安全防范体系。因此应在社区民警主导下，由居委会、村委会等基层自治组织动员社区居民组织开展社会化警务，建立治保会、组建志愿性治安联防力量、推行由当地居民负责的治安承包等，挖掘、整合和利用社会治安资源，建立起社会化警务机制，以弥补公共警务的漏洞和不足。

“控制分割”现象并不是否定公共警务的价值和作用，而是发现了在社会安全领域引入私人警务、实现警务社会化的必要性。公共警务仍将在执行法律、提供服务、维护秩序等方面发挥不可替代的重要作用，对社会秩序和公共安全的宏观把控发挥积极作用。随着私人领域的拓展及安全需求的多样化，私人警务能够弥补公共警务的局限性，填补社会安全需求的缺口，私人警务的推行既是现实需要又是警务社会化的必然趋势。

热炉法则

热炉法则

解释：热炉法则（Hot Stove Rule），是指组织中任何人触犯规章制度都要受到处罚。它是由于触摸热炉与实行惩罚之间有许多相似之处而得名。“热炉”形象地阐述了惩处原则：

一、热炉火红，不用手去摸也知道炉子是热的，是会灼伤人的——警告性原则。

二、每当你碰到热炉，肯定会被火灼伤——一致性原则。说和做是一致的，说到就会做到。也就是说，只要触犯规章制度，就一定会受到惩处。

三、当你碰到热炉时，立即就被灼伤——即时性原则。惩处必须在错误行为发生后立即进行，决不能拖泥带水，决不能有时间差，以达到及时改正错误行为的目的。

四、不管是谁碰到热炉，都会被灼伤——公平性原则。

应用：热炉效应最早应用在企业管理中，也可运用于警务领域，用来预防犯罪及打击犯罪。

维护社会治安秩序和提高公众安全感是社会治安防控体系建设的重要目标。为了实现这一目标，公安机关除了要握紧铁拳，有力打击各类违法犯罪活动，还要打出社会治安防控的组合拳。刑事打击在于制裁违法犯罪，威慑潜在犯罪倾向，捍卫社会公平正义。但是刑事打击的滞后性与局部性，使得惩治违法犯罪行为所产生的治安效益的有限，亦是一种停留于表层的治标手段，这也就是改革开放以来每次实施“严打”行动之后都会出现新一轮违法犯罪浪潮的原因之一。所以，相比于事后惩治，事先防控更为基础而重要。可以说，实现社会治安最根本的措施就是要从各种反社会的行为和轻微犯罪着手，使其没有机会转变成重大犯罪。

热炉法则为公安机关进行治安防控、犯罪预防与打击提供了有效策略：

第一，迅速反应。一旦有人触犯法律、道德规范，第一时间进行训导与处罚。有利于社会治安的村规民约、公序良俗、宗族法则、道德规范等非正式社会规范，是引导、规范、约束人民行为的最初行为准则，对于这部分非正式社会规范的遵从和墨守，是公民合法行为最初的萌芽和基础。一旦违反非正式社会规范，违反者因为身处错综交织的社会关联中，往往会招致亲人、朋友等社会关联人的谴责、质疑和制止，由此形成的社会压力是对违反者行为的一种否定，能够及时制止违反行为并有效防止其再次发生。当悖德行为或越轨行为在社会关系网内被发现，能够借助由社会关系网建立起的社会监督对行为人作出训导和处罚。然而，社会流动造成“熟人社会”逐步解体，社会关系网络的规约作用日渐弱化。针对这种变化，亟须建立起新的社会管理机制，来维护治安秩序。社区居委会、社区居民组织要承担起相应的治安责任，及时制止社区中出现街面涂鸦行为、插队行为等违反社会公德、有碍社会治安秩序的行为；社区民警要掌握社区情况，及时跟进对重点人员、重点家庭的管理措施，对各类治安状况作出有效而迅速的反应。

第二，事先警告。必须首先让公民了解到法律及社会的规章制度并接受社会的行为准则。当公民的行为触及法律的警戒线时，警察应适时作出警告，认识到行为的违法性是守法行为的前提。建设社会主义法治社会的基础在于公民法律素质、守法意识的提高。因此，普法工作的落实是一项必须长期坚持、不可懈怠的工作。参与普法工作是公安机关社会服务的体现。警察不仅要以身作则，严格遵守法律、忠诚践行法律、规范执行法律，还要在执行过程中向相对人进行普法宣传教育，如在交通执法中指出相对人的违法行为，说明违法事实，告知执法依据，并告知其救济的权利和途径。合法的执法过程所体现的不单单是执法公正和法律尊严，还应体现法律的教育功能，这在很大程度上依赖于警察法律素质的提高和执法规范化的实现。同时，警察的执法行为也是对除相对人之外的社会公众的一种法制教育，使公众形成对违法和合法的正确判断并作出守法的理性选择。警察对越轨行为的纠正、对违法行为的惩罚，就是热炉火红的体现，这种警告是针对所有人的。

第三，行使权力的一致性。如果以不一致的方式处理违法违规，则会丧失警察的公信力，人们对警察的工作能力也会发生怀疑。警察权威来源于法律的权威，警察权威的树立在于公平公正的执法行为。而执法的一致性和确定性反过来又构成了法律权威的基础。现实中存在着“同案不同罚”的现象，即针对同样一种违法行为，不同的执法人员仍可能会开出不同的罚单。原因就在于虽然对违法行为进行处罚必须有法可依，但法律法规又不可能对生活中每一种违法行为都制定非常具体的处罚标准，只能是划定一个幅度而已。“同案不同罚”现象的存在引起了公众对警察权力行使一致性的质疑。针对于此，北京市推出了一部规范行政处罚自由裁量权的实施办法，对违法行为按照种类、幅度等制定更为具体的处罚标准，以避免出现“同案不同罚”。

第四，对事不对人。烫火炉是不讲情面的，谁碰它，就烫谁，一视同仁，对谁都一样。处罚违法犯罪也是一样，一旦越轨，就必须受到惩罚，这样才能形成公正的社会风气。无论身份、地位、财富、种族等因素怎样不同，只要实施违法行为，就应当受到法律公正的惩处；只要实施不符合社会治安的越轨行为，就会受到社会的谴责，乃至受到公安机关的规训。惩罚的公正性和确定性是预防和制止犯罪的基石，公安机关在查处各类治安案件和刑事案件时，应公正执法，以违法行为和违法事实为依据，以法律为准绳，对行为人作出合法公正的处罚。

除此之外，热炉法则还揭示了公安机关办理刑事案件的重要原则——“首发必破”，即对于第一次发生的案件，公安机关务必破案，否则同类案件会不断地发生。对新型违法犯罪行为进行及时有力的打击，在于严正指出行为的违法性，消除少数分子的侥幸心理，起到震慑违法犯罪的作用。

手术灯效应

手术灯效应

解释：手术灯效应又称无影灯效应（Shadowless Lamp Effect），无影现象的产生是一种人为的物理现象。无影灯把发光强度极高的光源在很大的灯盘上排列成圆形，合成一个大面积的光源，让灯光从不同的方向照射下来，各个角度光源的照射消除了每个光源的本影，形成了无影的效果。该效应揭示了全方位地看待问题，才能消除认知的死角，全面地认识和理解问题。各个角度光源的照射消除了单一光源产生的本影，说明单一手段必然存在局限性，而消除死角的办法在于多元参与、多措并举、全方位覆盖。

应用：多角度光源是消除阴影、实现无影照射的条件，手术灯效应体现的是一种警务社会化的观念。警务社会化的实现在于依靠多元化社会主体的参与，综合利用各种社会资源，采取多元化的治安管理手段，以克服单一管理手段的天然局限性，对社会进行全方位无缝隙的治安防控覆盖，消除社会治安管理的漏洞和死角，以实现和谐安定、良性运转的社会治安秩序。

手术灯通过严密的灯光覆盖消除阴暗死角，给予警务工作的启发是：立体化治安防控体系的建立需立足于充分挖掘和利用多元化的治安防控力量。在传统的警务实践中普遍依赖于制度化的专门治安防控力量，主要是以公安机关为主导，军队、监狱、国家安全机关、司法机关和其他行业性公安机关（铁、交、民、林）为辅助，其他政府部门合力参与形成的力量。顺应市场经济的发展而逐渐引入私人警务模式，吸纳了以保安公司为代表的安防服务企业等市场化治安防控力量的广泛参与，在一定程度上分散和缓解了社会对安全服务日益扩大的需求压力。处于经济转轨与社会转型的变动社会条件下，社会治安形势呈现出复杂化，体现为日益攀升的犯罪率，公众安全感和秩序感与社会经济发展水平不相称等特点，制度化与市场化的社会治安防控力量仍无法满足整个社会治安防控的需要，社会治安防控力量的挖掘和引入成为充实社会治安防控力量的重要内容。以社区警务为载体的社会治安防控机制，积极动员社区成员化身治安志愿者参与社区治安防控工作，以社区离退休人员、下岗职工、驻区商户职工为主体的治安志愿者队伍在社区民警与社区居委会合力组织和指导下，成为社区治安防控的坚强堡垒，在维护社区治安秩序中日益发挥着重要作用。首都治安防控体系建设中，十万治安志愿者街面治安巡逻，遍布的治安信息员等，从整体上增强了首都治安防控力量，诠释了手术灯效应。

构建多元化治安防控网络，以形成对社会治安的层层覆盖。公安机关着力于构建以指挥中心为龙头，以警务信息综合应用平台为支撑，以“六张网”（街面巡逻防控网、城乡社区村庄防控网、单位和行业场所防控网、区域警务协作网、技术视频防控网、虚拟社会防控网）为骨架，以“四项运行机制”（情报信息预警机制、警务实战指挥机制、实战勤务运行机制、工作绩效考评机制）为保障的全天候、全方位、立体化治安防控体系。从宏观上构建以全天候治安防控消除时间死角、以全方位治安防控消除空间死角、以提高自我防范意识和技能消除心理死角和以构建“熟人社会”和社会关联网络消除社会死角的警务协作和联动机制，真正实现立体化社会治安防控体系。

情境定义理论

解释：情境定义理论是美国人威廉·托马斯提出的。它包括三个部分：第一，包含强制性规范和文化价值在内的客观环境；第二，个体和群体两种态度；第三，个人受到的其他社会影响及情境定义。托马斯指出，不能把人类行为解释为对环境刺激的简单反应，而是在环境刺激与反应之间有一个主观定义的过程，行为的任何自我决定的活动的开始，总是有一个考虑阶段，称之为情境定义的一个慎重考虑阶段。

应用：环境刺激—情境定义—人的反应，这个过程用犯罪学的语言可以概括为：在犯罪条件充分的情境中，犯罪人在犯罪动机的指引下产生犯罪行为。该理论的意义在于，从情境定义这一主观层面去干预犯意的产生。对于刑释解教人员、社区矫正对象等人员，社区民警及相关组织和个人要积极开展对这部分群体的帮教工作，实施适度干预，做好思想和道德教育工作，使其形成有效的自我约束力，融入社区，重新生活。

社区矫正工作是社区警务的内容之一，在预防和制止重新犯罪、消除潜在犯罪因素、维护社会治安秩序等方面发挥着重要作用。根据情境定义理论，对刑释解教人员、吸毒人员、社区矫正对象等特殊人员的社区矫正工作可以从宏观、中观直至微观三个层面的制度设计和实践操作上进行落实。具体包括：

宏观层面：法制建构和规范重塑。法制建构在于完善法律制度，优化法治环境，发挥法律威慑犯罪、规约行为的作用；规范重塑则是适应社会发展变化，在对传统社会规范进行扬弃的同时，塑造新的社会规范以适应社会良性发展的需要，不断完善社会规范体系。宏观层面的制度设计在于营造良好的法治环境，为社会公众树立合法与违法的标尺，引导社会公众形成对犯罪的否定性评价和态度，为实行社区矫正奠定基础。

中观层面：社区警务的推行。社区矫正人员重返社会首先面临的是由社区居民的抵制、疏远、误解、排斥等行为和态度构成的阻力，消除社区对这部分人员的排斥，争取社区对社区矫正工作的支持是社区民警的首要工作。普法宣传及对社区矫正政策和制度的大力宣传能在一定程度上消除社区阻力。同时，社区民警可以通过常规性的社区警务工作，如执法行为、调解纠纷、入户走访等，争取社区居民对社区警务工作的支持。

微观层面：针对性的帮教工作。公安机关应将社区矫正工作置于社区警务的重要地位，围绕社区矫正对象形成由社区民警、司法机构人员、社区组织、矫正对象的关系密切人员等人员组成的帮教小组，关注矫正对象的思想动态和生活状况，积极开展思想和道德教育，适时干预，及时引导，以促进其形成自我约束。这是在情境定义阶段对其施加干预，通过帮教小组形成的防线阻断犯罪刺激对矫正对象的影响，通过所在群体对违法犯罪一致的否定性态度影响矫正对象的行为选择，最终使得矫正对象重新融入社会。

互联网时代，情境定义理论对虚拟社会治安管理工作也具有一定的指导意义。互联网技术催生了网络社会，一系列新事物、新情况的出现对网络社会秩序造成了一定的负面影响。情境定义理论对于预防和惩治网络犯罪、规范和约束网民行为的指导意义在于通过外部环境的设计和安排影响人们内心的选择，规范人们的行为。具体措施有：

及时构建适用于网络的社会规范，既能起到预防和惩治网络犯罪的作用，又能对网民行为进行有效的引导和规约。通过制定和颁布针对新型犯罪的法律和司法解释，解决打击犯罪的法律适用问题。对于利用网络进行诈骗、盗窃等犯罪，在明确违法性质、确定犯罪数额等技术层面的认定应有相应的法律规范；对于造成一定社会恶劣影响或危害后果的网络谣言、网络集群，明确如何适用治安管理等相关法律进行查处和规范等。然而，一方面是立法的滞后性和立法的周期性，短时间内难以形成针对新型违法犯罪的有效法律规制，另一方面是严峻的犯罪形势对社会治安形成的现实压力。在这一现实背景下，除了缓慢推进立法进程外，公安机关应寻求相应的解决之道，也就是在原有法律范围内制定针对新情况的操作细则以有力打击新型违法犯罪。在网络社会中传统社会规范在规范网民行为方面常常显得捉襟见肘，新的通行规范尚未建立起来，缺乏对网络行为的有效规约。对此，政府要坚持普法宣传和道德教育，同时要积极引导网络组织和网民参与建立起网络社会规范体系，以形成对网络越轨、犯罪等不法行为的有效约束。

懒蚂蚁效应

外敌入侵时，“懒蚂蚁”奋起抗争

懒蚂蚁效应

解释：由北京大学教授郑学益提出。生物学家研究发现，成群的蚂蚁中，大部分蚂蚁很勤劳，寻找、搬运食物争先恐后，少数蚂蚁却东张西望不干活。当食物来源断绝或蚁窝被破坏时，那些勤快的蚂蚁一筹莫展。“懒蚂蚁”则“挺身而出”，带领众伙伴向它早已侦察到的新的食物源转移。相对而言，在蚁群中的“懒蚂蚁”更重要——“懒蚂蚁”担任着探路、引路、警备等职责。

应用：由于社会面广，治安防控覆盖面有限，社会上仍然存在众多的治安防控死角和治安漏洞，在有些地带，警察难以实施有效的控制，成为推进社会治安防控的严重掣肘。在构建社会治安防控体系的过程中，招纳“懒蚂蚁”是一项重要的治安防控策略。在社区警务中，对社区进行管控的同时，不妨碍居民的日常生活和工作，使居民安居乐业而对警力控制浑然不觉，化控制于无形成为社区民警应具有的智慧。社区民警应善于发动和组织治安积极分子、招纳“治安耳目”参与社区治安防控工作。通过广布社区的这部分治安隐形力量，对出入社区的陌生人进行实时监视、对社区矛盾纠纷进行及时摸排、对社区治安隐患进行彻底排查，帮助民警实时掌握社区治安动态，为快速反应提供信息支持。这些治安隐形力量来源于社区，如何挖掘这部分力量，主要取决于社区民警群众工作的质量。举办治安联防会、安全防范知识讲座等宣传教育活动，提高社区居民对社区警务的认可和支持；

实行警力下沉，发动民警走出办公室，走进社区，通过定期的入户走访，拉近与群众的距离；同社区自治组织接洽与联系，争取社区组织力量的参与和配合。在奠定群众基础的前提下，民警要善于整合这部分人力资源为我所用，发动店员、保安、社区离退休人员等长期居住在社区或常驻社区出入口等关键地点的人员充当公安机关的信息触角，发挥日常监视的作用。对特殊人口的管控也可依靠这部分治安力量，如发现精神病人在外无家人陪同，有吸毒史的人员反常的举动等要及时告知民警。遍布社区的“懒蚂蚁”，在平日里就是一般的社区居民，所不同的是，当社区突发警情时，他们身处社区、处于警情一线的优势，以及与公安机关的密切联系，能够让他们在发现违法犯罪、发现事故隐患并快速寻求警方帮助方面发挥重要作用。

瓶颈效应

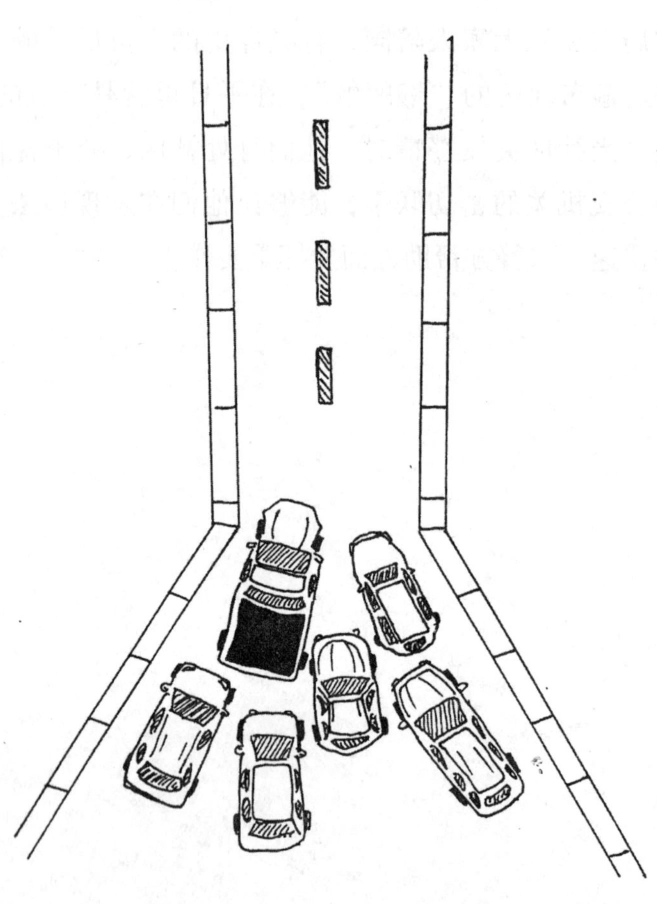

瓶颈效应

解释：当人群通过一个入口或出口处，若有次序地行进，可顺畅流通。行进速度越快则流量越大。而当人群很拥挤时，则流量大大减少。在公路上行驶的车辆，若车与车保持一定距离，则交通流量较大。如果遇到一个狭窄的路段，则由于单位空间内车辆密度增大而形成堵塞，流量立即减小。这就是所谓的“瓶颈效应”（Bottleneck Effect）。

应用：通过环境设计，增加实施犯罪的成本，在一定程度上能够消除犯罪嫌疑人的犯罪意图，制止犯罪嫌疑人实施犯罪。其中，将瓶颈效应运用于入口设计能够起到预防和控制犯罪的作用，是情境预防的有效手段。

在居民区设计中，减少出入口设置，能够实现对出入社区的各种人员进行有效控制，每个出入口的设计不宜过大过宽，最好设计成“瓶颈”式，即向内窄口，向外敞口。这样的设计一方面能够利用瓶颈效应起到自动控制流量的作用，当进入社区的人流、车流较大时，行进速度降低，有利于入口保安对进入社区的人员和车辆进行登记和查验；另一方面，当出现紧急状况，需要进行人员疏散时，向外敞口的设计也有利于人员快速撤离。此外，“瓶颈”式设计兼具内外控制的作用，有利于预防和控制犯罪。意图在社区作案的不法分子，实施犯罪前首先要考虑的是撤离通道是否畅通无阻，“瓶颈”式的设计增加了他被抓获的风险，从而在一定程度上威慑犯罪分子、预防和减少犯罪的发生；同时，“瓶颈”式设计有利于社区安全人员实施控制，在发现犯罪并抓捕犯罪分子中，“瓶颈”式的出入口设计，有利于形成对犯罪分子的合围之势，少量的安全人员守卫在出口，就有“一夫当关，万夫莫开”的效果。

过滤网理论

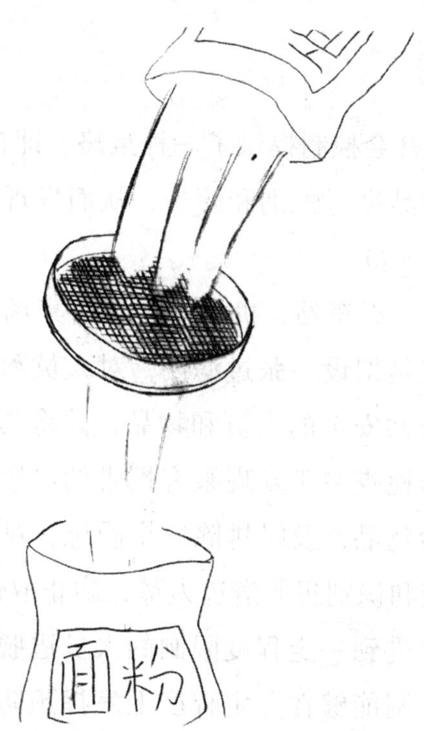

过滤网理论

解释：该效应为社会控制提供了一种策略，即在进行社会控制时，对大范围的人员和物品进行甄别和筛选，从而发现犯罪嫌疑人或危害社会公共安全的重点人员。

应用：在地铁站、火车站、机场等人员密集场所设置针对人员和物品的安全检查，就是架设一张过滤网，对人员和物品进行甄别，发现可能影响或危害公共安全的人员和物品，并将其排除在外，以保证公共安全。对物品的检查在于发现乘客携带的易燃易爆物品、枪支弹药、管制器具等危险物品，及时排除安全隐患；对人员身份的查验和人身的检查在于发现和识别犯罪潜逃人员，防止取保候审、监视居住、限制出境等人身自由受到一定程度限制的人员逃脱司法控制，以安全检查构筑而成的过滤网能够在一定程度上发挥预防、制止和查获犯罪的作用。在交通要道上设置临时检查点，对来往车辆进行检查，在警务实践中，车检的实施有的是基于侦查犯罪的目的，如拦截涉案潜逃车辆、稽查犯罪嫌疑人、搜查赃款赃物等违法或非法物品，有的是基于治安防控的需要，如排查车辆安全隐患、指出司乘人员的违法行为、查获危险物品等，在各高速公路出入口、重要桥梁入口等重要交通枢纽设置车检通道，起着过滤网的作用，将违法犯罪阻隔于城市之外，防止犯罪转移和犯罪扩散，将现实危险和安全隐患等影响社会治安的因素排除于保护区域之外。与此相类似的还有，在重点单位、重要场所和大型活动举办场所的入口设置安检通道，对进入场所的人员及其携带的物品进行检查。

在人口管理中，对重点人口的管理也可以采用过滤网理论所阐释的工作思路来进行。重点人口是指有危害国家安全和社会治安可疑或可能、暂难立案查处或查实排除、需由公安机关依法纳入工作范围实施重点管理的人。相比于一般的守法公民，这部分人员的犯罪可能性较高，然而他们又区别于犯罪嫌疑人，不具有现实危险性和实施违法犯罪的现实行为，所以对于这部分人员，公安机关的做法是以重点人口的列管和撤管制度为框架建立起一张过滤网，通过日常业务管理工作、查实各类线索、档案和资料分析、函调、会议交流等途径发现重点人口，以积极主动的方式多渠道开展调查，及时发现潜在的、隐性的列管对象，纳入重点人口管理以实施有效的管控。公安机关的重点人口管理工作制度为社区治安架设起了一张过滤网，对社会人口成分进行了彻底清查，准确列管重点人口。在过滤网的两边，也就是重点人口和一般居民之间合理调配和部署警力，对重点人员实施重点管控，对一般居民进行常规管理。这张过滤网的作用在于发现和识别重点人口，实行列管，进而对其采取有针对性的教育和控制的措施，通过定期考察和考核，将不再具有违法犯罪可能或可疑的人员撤出重点人口管理范围，通过一系列围绕重点人口而进行的管理活动，能够有效预防和控制违法犯罪活动，及时发现不稳定因素并将其排除于社区之外。

音叉效应

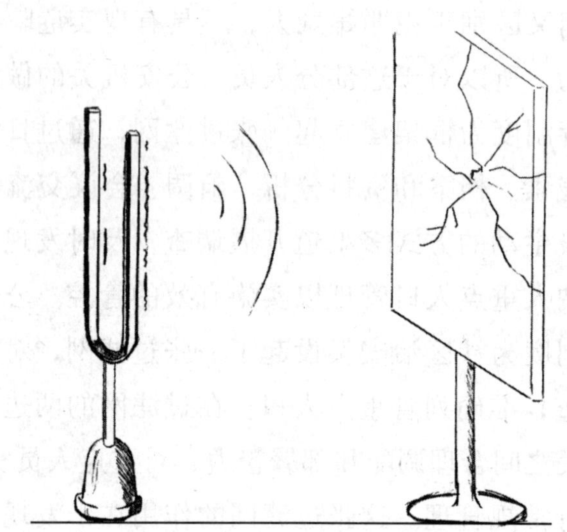

音叉效应

解释：音叉效应指的是，对于有的事物，不在于你对它的作用力的大小，而关键在于找准了它的脉搏。由于音叉效应的存在，也有可能产生微小的扰动就带来巨大影响的情况，如雪崩。在警匪片中我们有时候会看到这样的情况，珠宝店里的贵重珠宝都是放在可以防弹的特殊玻璃里面，就是说这种玻璃特别坚硬，子弹都打不透，锤击也无法敲碎，但是却可以用音叉振动，当选择的音叉频率和玻璃的谐振频率一致的时候，玻璃却会哗啦一下裂成碎片。这种通过感应现象，用巧劲而不是强力对目标物施加有效影响的方式我们把它称作音叉效应。

应用：一般认为，警力投入越多，控制犯罪的效果越好，然而从长远来看，事实并非如此。历次严打后违法犯罪的势头受到短暂的抑制后迅速反弹，这一现象揭示出了强力打击的犯罪治理方式治标不治本，即使在一定时间内犯罪率有所下降，犯罪反弹也是必然，原因在于：囿于警力的限制，长期开展严打行动不具有可行性，同时严打的高压态势会影响社会发展的活力。不管是受制于警力资源的有限性，还是犯罪的内在规律使然，抑或是其他因素制约，以严打为代表的短时间内迅速集中大量警力对违法犯罪实施强力打击的行动并不能实现对犯罪长期有效的控制。这在一定程度上说明了加大警力投入并不必然会导致犯罪的下降。所以，在犯罪控制中，只是一味加大犯罪控制资源的投入，而忽视对犯罪本质的把握和对犯罪规律的掌握；只重视表面犯罪的打击，不重视犯罪深层次原因的治理；只重视如抢劫、盗窃等显性犯罪，不重视如越轨行为、轻微违法行为等隐性犯罪，最终取得的只能是短暂的表面太平，没有触及到影响社会治安的深层次因素，一旦社会控制稍有松动，违法犯罪很快就会凭借其根基卷土重来。

当音叉所产生的频率与目标物的频率相同，二者产生共振，借此能量就能对目标物造成较之于施加强力更大的破坏。例如，音叉效应所揭示的道理——把握本质，是解决问题的前提，犯罪控制的根本之道在于：在准确把握犯罪本质的基础上，对关键问题施加影响，这样才能迅速解决问题又能降低社会控制成本。具体如：区分不同类型的群体性事件，找出群体性事件爆发的根本原因和群众的内在诉求，而不是仅仅针对群体性事件发生后的乱局进行堵塞式的控制，才能有针对性地化解群体性事件所释放出的社会戾气；对于一些由被害人诱发的犯罪，如诈骗，诈骗犯罪的侦查难度极大，单纯依靠发案后的刑事打击难以有效遏制犯罪发生，既然犯罪源头控制较难，那就从犯罪被害入手，加强对潜在被害人的宣传教育，使其形成对犯罪的正确认识，并提高防范意识，以增加犯罪人实施犯罪的难度，从而减少被害。

延迟理论

延迟理论

解释：古谚云“欲速则不达”，延迟理论与此相似，旨在说明在警务实践活动中快速高效的处理问题不一定奏效，通过适当延迟的方法反倒可以更好地解决问题。

应用：延迟理论可以应用在大型活动管理的出入口设计及治安调解上。举办大型活动的场所出入口，客流高峰时段的火车站、地铁、快速公交等公共交通进站口均容易出现人员大量聚集，既影响人员的流动，又易造成踩踏事故。为有效疏导人流、畅通秩序，可以在这些极易形成人员聚集的场所的出入口设计上运用延迟理论，通过设置蛇形围栏，延长入站的路线，延长乘客进站时间，以减少短时间大量人员涌入站口所形成的压力和危险。此外，可以在围栏边上安放电视屏幕、宣传栏，以供等候入站的乘客进行消遣，排解其焦虑烦躁的心理。

延迟理论可以用于指导治安调解。因民间纠纷引起的、情节轻微的违法治安管理行为，如打架斗殴或者损毁他人财物等，在双方当事人自愿进行调解的基础上，公安机关可以根据实际情况，以是否能够达到教育当事人，是否能够消除矛盾，使行为人不再继续违反治安管理为目的依法作出调解。在纠纷中，双方情绪比较激动，处于对立的状态，都认为自己有理、对方有错，双方都急于向民警揭发对方的过错、为自己进行辩解，在这种情况下，民警不仅不能够了解真实情况、无助于厘清案情，而且争论双方极有可能再次发生面对面的冲突。所以，在场的民警首先应该做的是将双方当事人隔离开来，运用延迟理论，对双方进行延迟处理、冷处理。待双方情绪稳定、能够配合民警进行对案情展开调查时，分别与双方当事人进行交谈，听取双方当事人的陈述，并及时对双方进行细致耐心地说服疏导和思想教育工作，晓之以法、明之以理、动之以情，促成双方进行调解。在了解全部事实真相的基础上，把握时机，依法明断是非，分清责任，并提出公正合理的调解意见，为后续调解工作合法有序的推进奠定基础。

南风效应

一个人在太阳下（热天）脱衣服

同一个人在寒风中（冷天）捂紧衣服

南风效应

解释：美国著名心理学家罗杰斯曾经说过："每个人对外界的判断都是在不断变化的，当我们送出温暖的时候，即使是一块冷漠的石头，它也是会被暖热的。"法国著名作家、哲学家拉·封丹在首次提出"南风效应"的时候就曾明确指出，对于管理者来说，只要他们对自己的下属员工多一点温暖，多一点关怀，对方就很容易为企业作出更多的贡献。

应用：我们可以承受严词谴责，却难以抵抗温柔的劝说；我们在强硬的态度面前往往不屈不挠，丝毫不肯退步，而在"动之以情、晓之以理"的劝说下作出让步。将南风效应延伸至人际交往中，应用于警民交往中，同样也是成立的。当某一地区的治安问题较为严重时，警察需要争取群众的配合。一般人们对于警察主动找上门来心里有抵触、比较反感，他们认为这些警察的来访和调查影响了他们的正常生活，而且认为"警察上门没好事"。在这种观念和心理的支配下，警察在与群众的交往过程中经常会遇到阻力，难以取得群众对警务工作的配合。因此，在警民交往中就需要运用智慧以化解阻力。

南风效应体现在警民交往的策略选择中。德国心理学家特奥多·里普斯认为，人们在同陌生人交往的时候，女性的受信任程度明显要超过男性。当警察需要群众提供线索，需要发动群众举报犯罪和不法行为时，在出警时有意选用女警是一种明智的选择。利用女性在人际交往中的优势，能够有效化解警民交往中的强烈抵触，建立群众对警方的信任，为警务工作的推行提供帮助。特别是在一些有女性受害人的案件、家庭纠纷等处置现场，女警的存在往往能起到缓和气氛的作用。

察言观色是警察必备的基本功。警察在同群众进行交往时，要善于觉察对方的心理变化，相应地作出适当而有效的反应。明确自己的目的是前提，但是如果目的性过于强烈，不善于变通，单刀直入，反倒会撞上南墙、受到群众抵触。原因在于对于一般人来说，警察的重案要案在他看来是无关紧要的，至少没有直接的利益关联。所以，在警民交往中，警察欲打开双方之间交流通道的突破口就要以与对方切身相关的利益调动其积极性、鼓励其配合警方工作，如调查走访时，带上笔、玩具等小礼物送给小孩、赠送防火防盗实用性强的安全知识手册、为对方提供与其相关的政策信息或者为对方提出改进安全措施的建议等均有助于消除沟通的隔阂，取得对方的信任。适当的“小恩小惠”能融化警民之间的心理坚冰，从而打开群众工作的突破口。

在公安机关内部管理中恰当地运用南风效应能够有效调动民警的工作积极性，提高警务工作绩效。在人员激励方面，物质激励是民警做好警务工作的物质保障基础，然而要使民警全情投入工作，来自警察管理者的关心和爱护，以及人性化的管理方式更是必不可少的。所以，相比于直接批评，委婉教育和建议既能照顾到犯错民警的自尊心，又能使对方深受鼓舞。警察管理者不应只抓着下属的错误不放，而是帮助下属找出犯错的原因，避免重蹈覆辙；帮助下属解决实际困难，使其将全部精力投入到工作中。以关怀代替疏远，以鼓励代替批评，以委婉的劝导代替生硬的谴责，吹起一股南风温暖民警的心，及时消除他们自责、委屈等负面情绪的影响，鼓励其迅速投入到警务工作中，为公安事业多做贡献。

隔断效应

隔断效应

解释：所谓“隔断效应”，实际上就是警方在审讯犯人时在双方之间摆上一张桌子，人为地造成一种阻隔。这张桌子可以起到两个作用：一是方便审讯者记录文件；二是障碍物的介入可以在无形中提升讯问者的权威。

应用：在警务工作中常用的“隔断手法”有以下几种：

第一，借助道具的力量造成“空间隔断”。在审讯犯罪嫌疑人、记录案情时，警察通常会在自己和谈话对象之间摆放一张冰冷的桌子。在这种情境下，警察成了桌子的主人，他们以一种居高临下的姿态拒绝对方进一步的要求，处于桌子另一方的犯罪嫌疑人只能服从警察的权威，不容其藐视权威、拒不合作。桌子形成的隔断效应，有利于增长警方的士气和自信，加剧犯罪嫌疑人的自卑，使警方在较量双方的心理对抗中占据压倒性的优势。公安机关可以在审讯室的设计上运用隔断效应，通常是设置一道防护栏或者摆放一张桌子将警察和审讯对象隔开，形成空间隔断。

第二，抬高自己的身份造成“身份隔断”。美国警察在和犯罪嫌疑人交流的时候，往往习惯于将自己全副武装起来，不少人还喜欢将自己荣获的奖章佩戴在胸前，他们意图表明自己的立场，告诉对方自己是一名优秀的警察，使对方形成一种敬畏之情，这一做法值得我们借鉴。在审讯犯罪嫌疑人的场合，警察必须穿着制服，清楚地表明自己的身份，明确自己的执法身份。

第三，通过地理位置的改变造成“环境隔断”。前美国联邦调查局局长威廉·韦伯斯特曾经说过：“我们在抓捕一名嫌疑人后，绝对不会进行就地审问，而是先将他转移到另外一个地方，再对其进行审查。这样一来，便可以保证自己的工作顺利进行而不受干扰。更重要的是，嫌疑人在进入陌生环境后，往往会更容易对付一些，这一点也是经过实战验证的。”一般规定对犯罪嫌疑人的审问必须在审讯室进行，即使条件不允许，也要将犯罪嫌疑人转移至其他地方再进行审讯。这是因为犯罪嫌疑人在陌生环境中要经历一个熟悉周围环境的过程，在这个环境中往往较难集中精力与警方进行周旋，对环境的陌生感也会使其产生心理劣势，从而有利于审讯的进行。

隔断效应可以运用于询问证人。在医院、居民家中等场所对证人进行询问和调查时也应穿着警服，表明严肃的执法身份。因为身穿制服的警察和一身休闲装的警察，给人带来的威慑力有着明显的区别。警察通过着装表明身份以暗示证人必须对自己的证言负责，必须如实回答警察的提问。条件允许的话，最好在警察和证人之间放置桌子等隔断物，使证人明确意识到与自己谈话的是一名严肃的执法者而不是闲谈的对象。

“控”字由手和空构成，《说文解字》中对“控”字的解释是“控，引也。从手空声”。“控”字的结构体现了在造字之始，人们对控制的认识，即人要实现对某一事物的控制，在实施控制一方与被控制的一方之间必须存有一定的“空”间。“控”字结构所内含的深意，正是隔断效应的精髓。隔断效应在开展警务活动的过程中体现为在警察与违法犯罪分子之间设置“隔断”，一方面在于树立警察的执法权威，人为的阻隔使违法犯罪分子为权威所震慑，不敢造次；另一方面在于为警察提供一个全面审视违法犯罪分子的视角，时刻关注违法犯罪分子的一举一动。

天鹅理论

天鹅理论

解释：天鹅在水面上优雅地游行，而水面之下天鹅脚蹼紧张而激烈地拨动水体，以使其缓缓向前。天鹅理论说明了一种警察勤务的哲学理念，是一种优雅和谐的警务工作方式。警务工作的不同境界：外松内松—外紧内松—内紧外紧—内紧外松（天鹅）。

应用：天鹅理论应用到巡逻及大型活动安全保卫中，旨在说明在巡逻及保卫中应该像天鹅那样，湖面表面是平静的，其实水下天鹅掌是频繁活动的，巡逻及安全保卫工作也要追求表面和谐但在内部很紧张的状态。

巡逻是警察勤务的重要内容之一，通过适度增加巡逻勤务，提高见警率，不仅可以对街面犯罪形成有效的威慑力，而且可以显著提高公众安全感，其作用在于警察在场可以阻止犯罪，当警察在街面上，公众安全和紧急事件的响应就能得到提高。然而，警察的日常巡逻应该区别于紧急状态和戒严这种非常规的戒备状态，配备重型武器巡逻或者增加巡逻力量虽然在一定程度上能够提高巡警应对突发状况的响应能力和处置突发事件的效能，但是由内而外紧张的巡逻状态反而会使不明真相的公众产生恐慌和紧张，降低公众安全感。我们所倡导的警察勤务理念就像天鹅泛水湖面一样，湖面上是宁静优雅的天鹅，即巡逻勤务能够预防和控制犯罪，还社会以安宁，呈现给社会公众的是一种和谐太平的治安状况；而湖面之下是紧张而有序的游动，即紧张的巡逻工作机制。对于巡警而言，巡警执行巡逻勤务时要保持高度警惕，严防个人极端暴力事件等突发事件危害公共安全、破坏社会治安秩序；对于公安机关而言，要高度重视巡逻勤务的重要性，根据不同街区的特点科学配置巡逻警力，严密街面治安防控网。和谐勤务理念追求的是以紧张有序的勤务工作保障公众安全和维护社会秩序，通过快速接处警、迅速转移危险等高效的处置方式将违法犯罪等不安定因素消灭在公众觉察之前，维护公众的日常生活秩序，营造和谐、安定、有序的良好治安局面，于无形中发挥巡逻在预防和控制犯罪、保障公共安全方面的作用。

大型活动安全保卫工作也应发扬天鹅理论倡导的和谐警务理念。在大型活动中，参与活动的人数多、空间有限，潜在危险性较高，体现在：人多的地方发生打架斗殴等违法行为的可能性较高；在有限的空间内一旦突发警情，极易产生混乱和失控等，可见大型活动安全保卫工作的压力较之日常巡逻有过之而无不及。然而，如果在会场内布置过多的制服警察会增添公众的紧张情绪，引发公众的猜疑和不安全感，影响活动举办的质量。所以，在大型活动中，公安机关应隐藏在幕后，发挥主导作用，指导安保服务公司、安保志愿者、辅警等一系列安保组织和人员的安全保卫工作。在大型活动中警察的出现也是必不可少的，在关键的部位布置适量的制服警察，用于威慑违法犯罪，主要由便衣警察在暗处进行控制。公安机关通过紧张有序的保卫工作部署保障现场秩序和公众安全，为公众创造安定有序的活动环境，为活动的顺利举办保驾护航。

橡皮筋理论

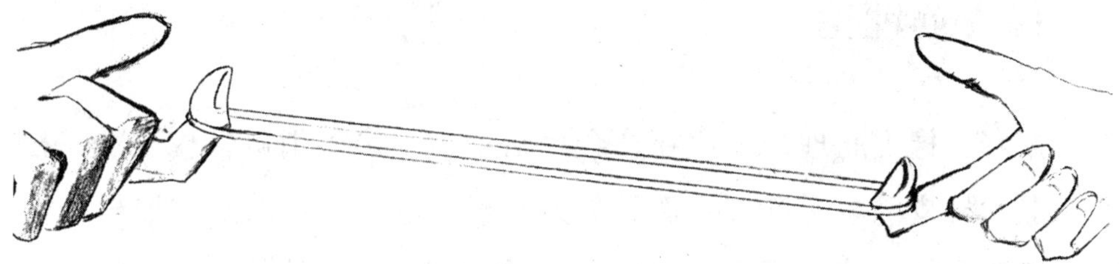

橡皮筋理论

解释：橡皮筋理论是说在社会生活中，很多事情就像橡皮筋，拉得太紧，橡皮筋容易断裂；而不加力于橡皮筋，又导致橡皮筋松松垮垮，断裂和松松垮垮都不是我们想要的状态，理想的状态就是橡皮筋受力均匀，维持在一个良好的弹性限度内。

应用：凡事有度，治安控制也不例外，过度的控制，可能导致管得太死，社会缺乏活力，不利于社会的发展；而失度的控制，违法犯罪行为可能更为猖獗，也不利于社会治安的稳定。因此，适度的治安控制十分重要。治安控制过程中，应以目标适中、手段适中、强度适中、能实现社会治安适度稳定为标准，过度和失度的治安控制都不能实现社会治安的好转。

公安机关的治安管理工作是一项集社会管理与社会服务于一身的综合性警务工作，以维护社会治安秩序为目的，围绕人、地、物、事、信息五个要素展开，其本质是一种社会控制。随着单位制的解体，社会对人进行管理和控制的阵地逐渐转向社区，逐步成为以社区警务为载体的管控方式。在人口管理中，对特殊人口的管控是重中之重，特殊人口包括刑满释放人员、有治安违法前科劣迹的人员、肇事肇祸精神病人、吸毒人员、失足青少年等，这部分人员具有违法犯罪的可能或可疑、可能构成影响社会治安的潜在消极因素，然而没有现实的危险性。将这部分人员置于公安机关的管控之下，进行适度控制，能够有效防范这部分人员对社会治安造成的破坏，消除其对社会治安构成的威胁。如果控制有力，甚至能将治安消极因素转化为积极因素。以特殊人口为管控对象，形成由社区民警、相关政府机构、居（村）委会等基层自治组织、家庭、周围群众等构成的管控小组，通过思想教育、就业安置、定期考察等方式对其进行管理和控制，是当前较为可行的管控机制。橡皮筋理论给予特殊人口管控的启发在于，犹如儒家思想提倡的中庸思想——过犹不及，过度控制和失度控制都不能取得最佳效果。如果对特殊人口的管控过于僵化，限制过多，就会影响管控对象的正常生活和工作；如果以频繁的入户调查、公开场合的训诫教育等欠缺考虑、有失分寸的方式对其进行管控，则会触发管控对象的抵触心理和逆反心理，不利于其改过自新、重新融入社区。同样的道理还可运用于对娱乐场所、特种行业、公共场所等部位和地区的治安控制，公安机关实施的社会控制既要重视对“度”的考量，又要重视成本效益的分析，不能片面追求稳定，实施高压控制，使社会失去活力，亦不能违背社会规律，盲目施加控制，失了分寸，而应遵循社会秩序自我恢复、自我调控的规律，实施适度控制，最上乘的社会控制方式是化控制于无形。

草坪栅栏理论

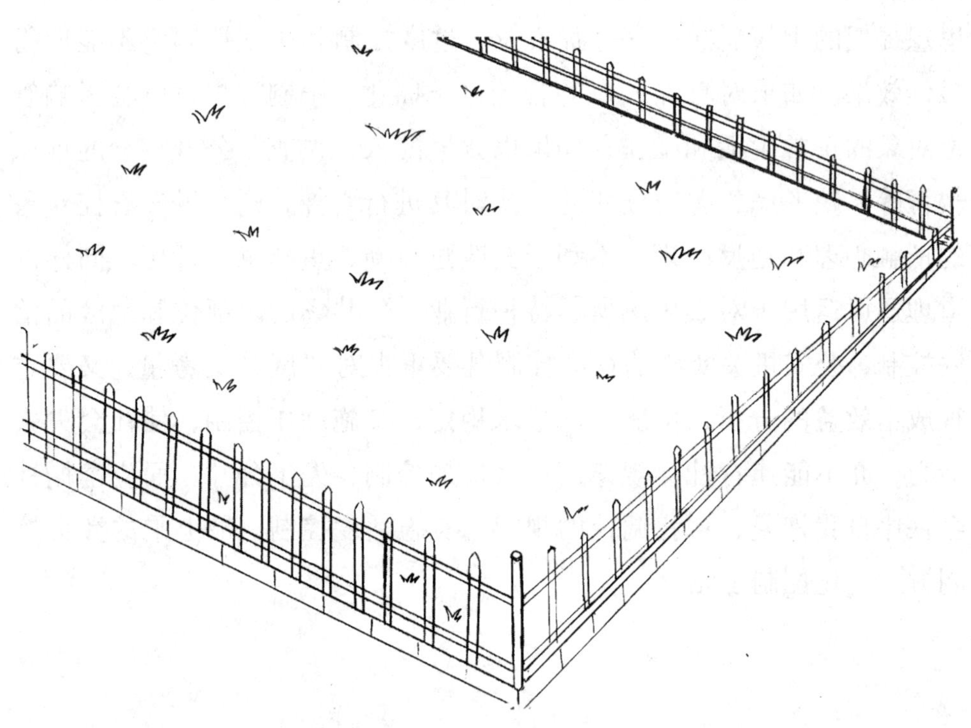

草坪栅栏理论

解释："草坪栅栏"是旨在解释通过建筑物周边环境的设计进行第一层次的犯罪预防。在进行建筑物周边环境的设计上，在建筑物周围设计中是种上高大的树木还是种上草坪，在犯罪预防上有很大的不同。若是种上高大的树木，到夏天树木旺盛就会形成犯罪的死角，犯罪嫌疑人会通过树木的遮挡进行违法犯罪活动；若是种上草坪，情况则会大不相同，因为种上草坪后视野比较开阔，容易形成自然监视。

如果在草坪外再设上栅栏，则会明确地划分公领域和私领域，当犯罪嫌疑人跨过栅栏时，他就会有一种心理暗示——这块属地有人进行管理，我已经踏入私人领域诸如此类的暗示。

应用：草坪栅栏理论的意义在于通过建筑物周边环境的设计来有效预防犯罪。犯罪条件是促使犯罪嫌疑人实施犯罪行为的重要因素之一，对于意图实施犯罪的嫌疑人而言，充分的犯罪条件，意味着犯罪时被发现或犯罪后被抓获的风险降低、犯罪实施的成本降低、犯罪成功的概率提高。在建筑物周边环境的设计中融入情境预防的理念能够破坏有利于实施犯罪的条件的形成，有效减少犯罪分子选择该位置实施作案，是预防犯罪的有效手段之一。草坪栅栏就是一种情境预防理念在环境设计中的典型运用。城市居民小区越来越重视绿化设计，但是绿化设计中除了追求美观、营造舒适的居住环境外，还应该有安全方面的考虑。建筑物之间的空地在进行绿化设计时，应该选择种植低矮的树种，最好设计成草坪，因为相比于高大树木，低矮树种、草坪不会遮挡视线，有利于形成自然监视。此外，将空地设计成空旷的草坪，一方面能让犯罪无所遁形，增加犯罪被发现的风险；另一方面也可以在发生地震、火灾等突发状况时用作暂时人员的庇护场所。对于低层建筑，房前空地的设计也应遵循同样的原则，以种植低矮植物、草坪为宜。在屋前空地和公共道路之间设立围栏，用于区分公领域与私领域，这样一旦有陌生人越过围栏踏入空地，进入私领域，主人和周围人员都能很快发现有人进入住户的私领域，从而加强对入侵者的关注，提高警惕，同时，这也会对入侵者形成一种暗示和心理压力。

基于史蒂文·拉布的调查，“在易于进入且不易被观察到的户内公用地区内更容易发生犯罪”，而围墙的建立正是为犯罪者提供进入和屏蔽视线的作用。在围栏的设计上，尽量不要使用密实、不透明的墙体，而应本着有利于住户和周围人员进行自然监视的原则，最好采用透明栅栏，加大了人的进入难度并且提供了天然的自然监视，从犯罪预防的第一个层次上进行考虑，物理上减少犯罪发生的概率。

长条椅理论

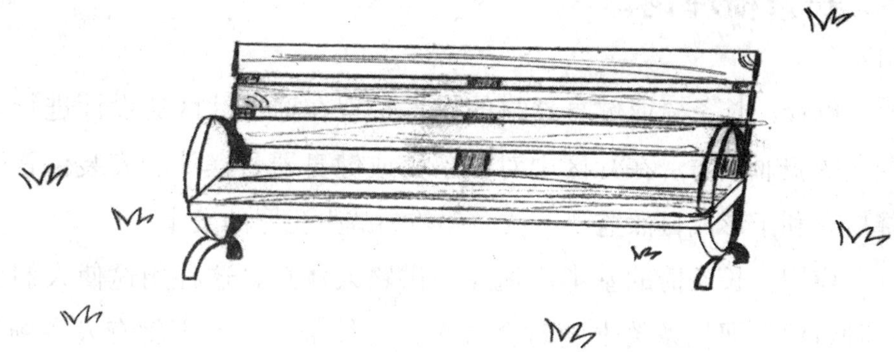

长条椅理论

解释：长条椅或健身器材的设置是旨在通过社区的设计进行第一层次的犯罪预防。在社区中对长条椅或健身器材摆放和安装位置的选择应有利于形成自然监视，从而预防和减少犯罪的发生。

应用：长条椅的基本用途在于供路人休息，这种用途使人们形成一种认识，即长条椅上随时会有人，有长条椅的地方就有人在场。对于犯罪分子而言，实施违法犯罪行为的违法性和不正当性使其产生心理压力，害怕犯罪行为被看到、犯罪被发现是犯罪分子的普遍心理。利用这一点，将长条椅摆放在社区的入口处，既可以利用坐在长条椅上休息的人对进入社区的人员进行自然监视，又可以对意图进入社区实施犯罪的人形成威慑力。基于同样的考虑，我们还可以在银行门口周围放置透明电话亭、长条椅、摄像头等，也是起着自然监视和威慑犯罪的作用。社区内健身器材位置的确定也可以采纳这样的思路。社区居委会在不同的时间段利用健身器材进行锻炼，锻炼的人在进行锻炼时同时能够觉察到周围的人和周围发生的事，将健身器材放置于社区入口、居民楼入口等进出位置，人们对于陌生人的“闯入”都比较敏感，一旦陌生人形迹可疑，人们就会提高警觉，密切关注对方的一举一动，这样锻炼的人能对出入的陌生人进行自然监视。

在犯罪高发、易发的部位和地点安置长条椅、电话亭或健身器材等设施，吸引人们在该处活动，将原本因人迹罕至、偏僻等特点容易成为不法分子相机作案的地方置于人们的自然监视之下。在银行、商场等重要场所出入口设置长条椅、电话亭等人们常用的公共设施，使意图作案的人心生胆怯，促使其打消实施犯罪的念头，以起到防范犯罪的作用。

“刀”——藏于家中

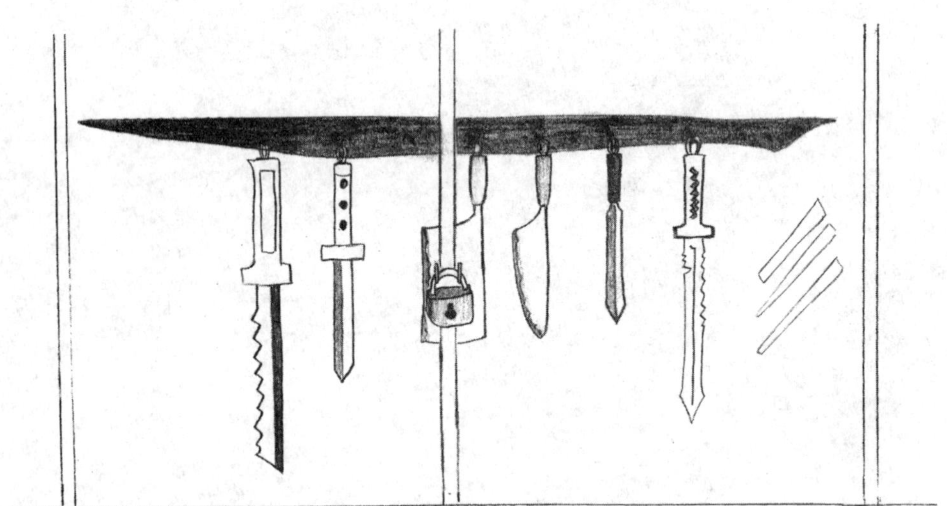

“刀”——藏于家中

解释：藏“刀”是一种日常安全防范方法，在于防范由于夫妻口角、家庭暴力引发的激情犯罪，以及防范入室作案的犯罪分子实施暴力犯罪。

应用：家庭暴力引发的激情犯罪不在少数，双方在争吵、咆哮、咒骂中极易丧失理智，在这种非理性状态下，如果旁边出现刀等杀伤性较大的器具时，当事人很可能失去克制、丧失理智，在极端情绪的主导下实施激情犯罪。等到造成伤害后果时，很多施暴者往往追悔莫及。如果在日常生活中人们就有意识地将刀具等危险性较大的器具进行安全处理，如在刀不用时不是随意摆放，而是放在专门的柜子里，最好能上锁，就能避免很多伤害事件的发生。原因是当人们处于怒火中烧时，很多法律、道德及自我约束会暂时失效，如果当事人一时间被怒气冲昏了头，临时起了歹念，很多时候在找刀、解锁的这段时间足以让当事人恢复理性，打消歹念，最终就不会因激情犯罪的发生而酿成惨剧。

多数入室盗窃案件犯罪分子的初衷在于谋财，但是如果犯罪分子在实施入室盗窃的过程中被发现，基于抵抗心理，极有可能由盗窃转化为抢劫。一旦被害人作出某些不当的举动被犯罪分子视为威胁，就很可能会招致杀身之祸。在危机情况下，犯罪分子如果轻易获取刀具等能被用作杀伤性武器的用具，这时候被害人受到严重伤害的可能性就更大。“家中锁刀”的好处就在于，加大了犯罪分子获取刀具的困难，由此减小了利用这些武器实施伤害的可能性，这在一定程度上起到了自我保护的作用。

与“家中锁刀”所具有的安全防范理念相同的安全防范措施还有瓦斯开关上锁，榔头、扳手等工具统一锁到工具箱并置于专门的位置等。

明耻整合理论

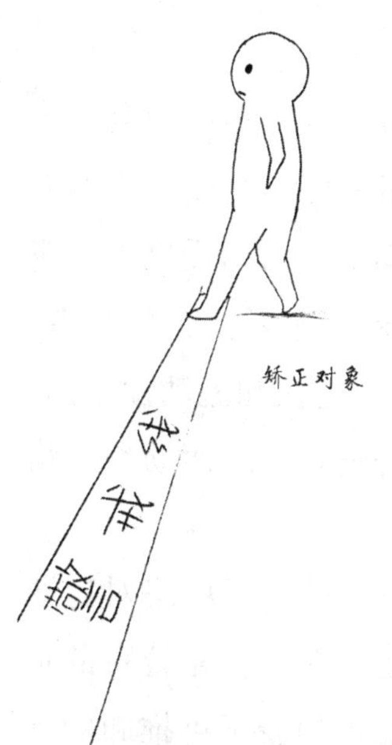

明耻整合理论

解释：该理论认为，如果人们对于自己的错误行为不以为耻，或者没有意识到自己是社会不可分割的一部分，那就可能变成行为偏差者。布列兹怀特认为，“明耻”即一位已感受到羞耻，且遭受别人非难而知羞耻的人，企图改正其不当举止的社会过程。愈多社会联结者，愈可能有明耻整合，相比较犯罪率就低；而都市化过快和流动性过高，伴随高失业率和欠缺合法机会等，都不利于明耻整合，反而助长了烙印，影响所及，使得犯罪率居高不下。

应用：社会公众明确反对犯罪的态度，以及人的关系网络对犯罪的一致性否定评价能够有效抑制犯罪。犯罪问题绝对不仅是警察的责任，一切社会组织和个人对于犯罪问题的解决都承担着不可推卸的责任。发挥明耻整合在预防犯罪中的作用，需要全社会的参与。

自改革开放以来，城市化进程高速推进，人员的加速流动使得乡村长久以来形成的“熟人社会”趋于解体，而城市居民区基本上是一个由陌生人组成的空间，由于居民之间缺乏建立联系的渠道，加之虚拟社会的兴起等诸多原因，导致了在城市社区中由社会关联形成的社会控制渐趋失效。虽然人们对悖德行为、违法犯罪行为依旧持有否定性评价，但是这种否定性评价对于实施越轨行为、违法犯罪行为的人的制约作用却降低了。在现实社会中，一个逃票的人即使被发现了，也只是受到在场的陌生人的指责，最多也只是内心感到羞耻，而当他回到自己的生活圈子后，就不用担心自己的行为会被周围的亲人、朋友发现，进而就不会遭受亲人、朋友的非难、谴责及教育，当初做错事后产生的羞愧心理很快便消失了，自我约束降低，这会导致其行为越发失度和猖狂。社会关联的弱化，降低了明耻整合的效果。而在虚拟社会中，匿名化使得网民之间的交往更为无所顾忌，缺乏有效约束。

明耻整合理论为社会控制机制的重建指明了方向。对于社区矫正人员的耻感重建意义重大，是社区治安管理工作的重要内容。对社区矫正人员家属、朋友、社区居委会、社区矫正司法机构、社区民警等建立起的社区矫正单元，起到监督、引导、教育、感化的作用，帮助社区矫正人员重新回归社会。

基于社会关联建起的社会控制可以有效规范人们的行为。加强社会关联，重建人与人之间的纽带是建立和谐社会的必要条件，也是预防和减少越轨、犯罪等不法行为的重要方法。在现实社会，公安机关联合街道办事处等基层政府组织、居委会、社区组织，积极开展社区活动，增加社区居民之间的联系和互动，相互认识和熟悉共同生活在一起的人；学校开展亲子活动、家长会，以子女为纽带建立家庭之间的联系；社区居民自发组建以兴趣爱好为主的社团，召集有着同样兴趣爱好的人们参与其中，通过参与社团活动密切联系，增进情感；号召社区爱心人士组织社区志愿者，为孤寡老人、残疾人提供志愿服务。通过各种方法和途径，逐渐打破城市社区“老死不相往来”的局面，建立居民之间的联系，强化社会关联，这是发挥明耻整合作用的基础和前提。

网络实名制的推行也是基于同样的考虑。实行网络实名制意味着网民身份的可追溯性，虚拟身份与现实身份不再是分离的，而是实现了“一对一”的对应，这样做的目的在于约束网民的网上行为，防止造谣、传谣、网络侵权等违法犯罪行为的出现。

"转处"策略

"转处"策略

解释：美国利用替代方法处理那些在正常条件下将受到正规刑事司法系统或少年司法系统干预的个人。该方案的主要目的是将个人从正规的制裁系统中转移出去，以便尽量减小接触这一系统所产生的负面影响，并为那些会在将来引起麻烦的人提供必要的帮助。

应用：对于青少年犯罪，司法机关要根据犯罪的具体情况，采取轻易不言罪的原则，以疏导和教育为主，辅之以惩戒。由于青少年心理、生理和年龄所处阶段的特殊性，如果一味地采取打击和惩戒的手段，不但不会取得良好的效果，反而会使他们产生逆反心理，造成反人格和反社会的心理，从而为社会埋下不稳定因素，一旦外部环境条件刺激，很有可能再次犯罪。

未成年人的犯罪原因是极其复杂的，社会因素、个体因素等各种因素错综联结，尤其是考虑到未成年人正处于成长期，易受外界影响，但也容易接受教育和矫正。因此，对未成年人犯罪应当强调预防而非惩治。在刑事诉讼程序中适用"转处"，主要是为了防止标签化理论的影响。进入刑事诉讼程序后对未成年人和成年人进行无差别的羁押处理，一方面使未成年人同社会隔离，强化其对"罪犯"这一负面身份的认同，可能会给未成年人留下罪犯的烙印，从而形成社会的污名标志，成为其复归社会的障碍，加大了他们再犯的可能；另一方面，未成年人凭借较强的学习能力和较弱的是非分辨能力，身处成年犯罪群体中极易受到不良犯罪文化的影响，产生更为严重的犯罪心理，掌握犯罪技能，从而导致其在脱离监管后重新走上犯罪之路，甚至实施更为恶劣的犯罪。“转处”的主要目的在于取消少年犯罪的标签，代之以“需要监护的儿童”与“需要监护的人”或其他类似的标签，消除社会对失足青少年的误解和排斥，认识到这是一个需要帮助的群体，而不是天生的坏坯子。他们之所以实施犯罪，是因为他们缺乏必要的监护和关注，从而转变社会大众对这一群体的歧视，转变管教机构对这一群体的管教理念。同时，“需要监护的人”的标签避免了“犯罪少年”标签在失足青少年心理上产生的负面效应，使其形成对自己的正确认知，让他感觉到自己并不是无可救药，而是有机会改过自新，重新走上正途的。

美国实行的“转处”是指将未成年被告人或犯罪人从少年司法部门分流，交给其他部门处理的项目，主要包括：对犯罪的未成年人在接收时保持了转化和非监禁项目，司法执法系统只接收严重犯罪的未成年人；接收初次犯重罪的未成年人进入转换项目；向未成年人提供一定种类的野外经历项目和争取生存的训练项目；对准违法犯罪者和轻微的犯罪者提供直接的惊吓项目。其中的可取之处值得我国司法机构借鉴。

“转处”主要是对未成年人实行非监禁化，包括：审前的非监禁化，即审判前的监禁只作为万不得已的手段适用，而且时间应尽可能短，如有可能应采取其他替代方法，如密切监视、加强看管或安置在一个家庭或一个教育机构内；审判过程的非监禁化，如在审判过程中对未成年被告人采取取保候审、监视居住等措施，尽量减少对其人身自由的限制；量刑上的非监禁化措施的运用，如免予处罚、管制的运用及缓刑的判处等；刑罚执行过程中的非监禁化，包括暂缓执行制度、假释制度，以及社区矫正制度的适用。同时，司法机构在执行刑罚的过程中，应当组织和鼓励社会各方面的积极力量参与，充分利用社区、家庭、教育机构等社会资源对未成年罪犯进行改造和矫正，以促进其更好地回归社会。

“水密隔舱”原理

“水密隔舱”原理

解释：“水密隔舱”，就是用隔舱板把船舱分成水密的互不相通的一个个舱区。由于舱与舱之间严密分开，因此在航行中，即使有一两个舱区破损进水，水也不会流到其他舱区。从船的整体来看，仍然保持有相当的浮力，不致沉没。如果进水太多，船支撑不住，只要抛弃货物，减轻载重量，也不至于很快沉入海底。

应用：“水密隔舱”原理可以是一种警力部署的策略。在应对各类警情时，公安决策者必须对警力的部署和使用进行衡量。虽然集中警力资源能够增强处置的力度，但是由于事物具有不可预测性和不确定性，如果大量投入警力没有取得预期效果，就可能导致后劲不足，贻误战机。正确的方法是科学分配警力，将警力划分为执勤、备勤两部分，甚至更多部分，通过这种安排和部署，保证公安机关整体执行力。

“水密隔舱”原理在群体性事件处置中的运用体现了一种“分而治之”的警务策略。柏林警察在处理“五一骚乱”的过程中总结出一条经验：把一个区域内人群按不同的集结位置用防暴力量互相隔离开，使每个中心成为彼此独立的绝缘体。这样即便有其中一群人闹事也不会波及扩大到其他区域，防止因为局部骚乱而引发整体局势失控。在群体性事件中对聚集的人群进行驱散和分流是防止事态恶化的重要处置策略。

处于亢奋状态的人群具有非理性的特点，极端的情绪和谣言会像病毒般在群众中迅速传播，引起群情激愤。一旦群体中发生暴力事件，就有可能产生连锁反应，造成严重的危害后果。所以，在处置群体性事件中首要措施是对人群进行驱散和分流处理。一方面，在外围区域设立警戒线，制止外围人进入，防止群体规模的扩大；另一方面，在内围区域使用劝离、带离、强制带离等方法将聚集的人群驱散，减少人群规模，必要时，慎重使用高压水枪、催泪弹等措施对人群进行驱散。根据“水密隔舱”原理，对人群的分流处理是防止事态恶化的关键。公安机关在处置群体性事件时应研究周边的地形地貌和基础设施状况，注意利用现场周边环境，将人群分散到道路、广场、公园等能容纳人流的场地，减小集群规模。凭借空间上的阻隔，使每一部分的人群都成为一个绝缘体，这样，即使一部分人群里出现闹事，也不会波及其他人群引起更大的混乱。同时，分散的人群降低了公安机关现场处置的难度，有利于整个群体性事件处置工作的顺利推进。

邻里守望

邻里守望

解释：邻里守望（Neighborhood Watch），是犯罪预防中的重要内容之一。邻里守望源自美国，后在英国广泛推广。它是由地方政府或警察部门发起，由市民志愿者所组织的群众性自卫互助形式。邻里守望通过多种方法，将某一地区的邻居和居民联合起来，不仅打击了犯罪，同时增进了整个社区的彼此了解，其基本目标是增强社区意识和解决问题。

应用：邻里守望以前只注重预防财产犯罪，在财产上刻上姓名与邮政编码等标志的方法增加销赃的难度，利于赃物的追查和财物的归还，随着社区警务的发展，邻里守望适应不同地区的特点作出了新的有利的变化和调整，包括：更加强调社区与警方之间要加强沟通和经验交流；双方共同分担邻里守望的职责；更加注重从社区环境、社区风尚等方面的改进；建立适合社区又适合警方的管理模式。这些对于我国社区警务的开展具有重要的指导和借鉴意义。实行邻里守望目的在于，增强社区的凝聚力，加强警民联系，同时降低社区犯罪水平，减轻社区对犯罪的恐惧，更重要的是，通过警民合作，形成合力，有效预防和制止犯罪。

邻里守望的前提是改善社区硬件设施、净化社区环境。基本做法包括：改善户外公共设施；改善照明装置；在犯罪易发和高发路段、社区出入口等关键部位安装报警器和监视器；加固门窗；修理破损的护栏、遮阳伞等设施；定期清理垃圾死角；定期修剪草坪、树木等绿化；清理随意张贴的小广告等。

公众参与是邻里守望的核心内容。为了激发社区民众对“邻里守望”的兴趣和热情，社区和警察可以联合组织丰富多彩的社区集体活动，如举办警民联欢会、预防犯罪展览和各种专题讲习班以提供居民的安全防范的意识和能力等，增进警察与居民之间及社区居民之间的相互沟通和了解，增进社区的凝聚力，进而形成特有的社区意识，更有力地打击和预防社区内的犯罪现象。

影子理论

影子理论

解释：影子理论，是受美国堪萨斯市的一个著名巡逻实验的启发得出来的。在该项研究中，15 个辖区被科学地挑选出来，实行 3 种巡逻模式：(1) 反应式——在这些地区没有巡逻车，警察听到呼叫才前去；(2) 主动式警务——2~3 倍的警车安排到辖区；(3) 控制式警务——通常每个辖区 1 辆警车。1 年后出现的情况令人惊讶：在 3 种巡逻中犯罪率没有明显的差别，市民对犯罪的恐惧感和对警察的满意度并没有因巡逻的增减而有所影响。这项研究结果证明，增加很多警察并不会减少犯罪，有效利用警力资源，讲究巡逻策略才是警察应该关注的问题。

应用：事物总有两面性，模式化的巡逻提高了巡逻区域的见警率，降低了犯罪率，然而，这也导致了犯罪转移现象。犯罪分子熟悉了警察的巡逻规律，知道什么时间段什么地区会有多少警察巡逻，相应地他们也就知道什么时间段什么地区不会有警察巡逻，这使他们能够在作案时间和作案地点的选择上避开警察。这是模式化巡逻可能带来的弊端，犯罪潜藏在暗处，总是试图逃避警察的抓捕，而警察则受制于资源有限、控制面大等因素，很多时候在与犯罪分子的博弈中处于劣势。针对堪萨斯市巡逻实验反映出的问题，警方应该关注警务策略的选择和警力资源的利用，并对此有所突破，以应对模式化巡逻带来的问题。既然模式化的巡逻使得犯罪分子得以获悉警察巡逻的规律，并采取规避方式实施犯罪，那么，反其道而行之也许就是问题的解决对策。在此，不是全盘否定模式化巡逻的好处，而是在保留模式化巡逻的同时，开展随机巡逻、突击式巡逻等非常规的巡逻模式。这就是影子理论的运用。警察随机巡逻的目的在于使犯罪分子和居民都会产生一种警察如影随形，随时可能出现的感觉。对于犯罪分子而言，任何街道、社区都可能有警察出现，制止犯罪；对于居民而言，无论身处何地，警察都会在旁边出现，保护自己的安全。这种巡逻策略在一定程度上能够消除模式化巡逻的弊端，而且是有效利用警力的方式，它不是通过扩充巡警数量来扩大巡逻面，而是通过转变巡逻策略，利用有限的警力以随机性、机动化、突击式的巡逻方式对犯罪造成威慑。当然，要使巡逻真正起到对违法行为作出快速反应、有效维护社会治安的作用，则需要警察机构对辖区内的犯罪情况和治安形势进行科学的评估，针对发案特点，对巡逻勤务的路线和人员配置作出针对性的部署，并且巡逻模式要随着治安状况的变化作出适当的调整，而不可长期沿用同一套模式化的巡逻方案。

线绳理论

解释：在一个天桥上，一男一女在横跨天桥的两端分别蹲在地上很认真地做拉一根细绳的动作，其实没有什么细绳，但过往的路人有的用脚试探，有的跨越，有的跳跃，有的甚至助跑跳过，动作千奇百怪，很有意思。难道一根细得几乎看不见的绳子真有那么可怕吗？其实是一根细绳给人们的心理暗示。

应用：在日常生活中，人们常常对警示牌、提示牌或者视而不见，或者无动于衷，相反一根线绳却收到了很多设立警示牌、提示牌所要达到且达不到的效果，原因是：相比于警示牌、提示牌，线绳能够让人们真实感知到线绳另一端或者线绳另一边所蕴藏的秩序感。如果有人故意践踏草坪，其周围的木栅栏或绳子根本不能阻止他，但是就是这么一个脆弱的栅栏和细小的绳子却真的发挥了阻隔的作用。在客流高峰期临时搭建的、用于分流的围栏，虽然延长了进站距离，但由此促进了秩序的生成，旅客们都能沿着围栏形成的通道行进；事故现场临时拉起的警戒线，将现场无关人员隔离在外，人们也能很自觉地做到在警戒线之外止步；在银行柜台前画在地面上的黄色警示线，圈定了银行职员和当前受理客户之间的空间，其他排队的人都能自觉地在黄线之后等候；道路上的双黄线有如一道无形而坚实的墙将道路分割成两半，任何车辆都不会越过该线；柜台上供人们使用的签字笔、老花镜也往往用绳子系住一端，使用的人不会随意带走。无论是破坏有形的还是无形的线，其实都是轻而易举的事情，然而就是这些线绳刺激人们产生维护秩序的责任感，遵守由线绳划定的秩序。

“形象”工程

“形象”工程

解释：在从新疆乌鲁木齐路经米泉县通往外地的一条必经之路上，有几个不易被司机注意到的十字路口。由于此地段车少人少，在此安置交警看管未免成本过高而且当地存在警力不足的问题，所以该地段没有安排交警维持交通秩序。因此，过往的长途司机往往懒得减速并等待在空无一人的红灯前。有些司机怀着侥幸的心理闯过十字路口，幸运者则一路畅通，不幸者则酿成车祸。鉴于此，一位酷似真人的交通民警被安置在了路边，他既没有敬礼，也没有交通手势，然而却有很多司机都被他给“骗了”，走近一看才知原来是一个“形象”工程。被“骗了”难免会骂上几句，但只要能避免一场交通惨剧不比什么都好吗？这样一位“骗子交警”把人民警察的形象诠释得很好：风吹日晒，雨淋霜冻；任劳任怨，默默奉献。

应用：“形象”工程是一种社会管理方式的创新，其好处是显而易见的。在我国，很多路段实际处于没有警察维护秩序的状态，由于缺乏管理，导致很多偏远路段常常因司机违反交通规则而发生交通事故，这样的例子屡见不鲜，然而即使警方三令五申，车祸惨剧仍在发生。“形象”工程其实就是一种交警形象的雕塑，设立这么一个雕塑的成本比起派驻一名交警成本要低得多，但它却能起到警示的作用，在一定程度上减少了交通违法违规行为的发生。一些有违反交通规则想法的司机远远地看到路边站立着一名“交警”，慑于警察权威大多会采取减速、遵守红绿灯和交通指示牌等交通规则，这样就能有效避免因违反交通规则而引起的事故。重庆高速交警部门就采取了“稻草人”式执法，在容易超速路段和事故多发路段设置雕塑警察、仿真执法车，起到了明显的警示效果。

但是，这种方法对于经常往来该路段的司机就没有威慑力，只能对不明真相的司机发生作用。“形象”工程背后蕴藏的道理可以用于其他警务中，如在一些偏僻的路段安装摄像头，可以用于记录不法行为和威慑犯罪。如果当地财政紧张，可以使用假摄像头，只要给人以摄像头在运转的感觉也能发挥抑制违法行为的作用；在社区偏僻地段设置警察标志，标明责任民警的姓名和联系方式，让犯罪分子知道给地区配备有专门警察进行管理，抑制其在该处实施犯罪，路过该地的民众看到警察标志后会更有安全感。

死角理论

解释：此理论由日本学者伊藤滋提出。该理论认为，对犯罪的控制存在着死角，但这种死角可以被不断发现，可以通过有效的预防来逐步限制死角，达到控制的目的。导致犯罪发生或有利于犯罪发生的因素为犯罪死角，包括：时间死角、空间死角、心理死角、社会死角。具体可用改变物理环境、形态和机能来改变居民的防范措施，提高预防犯罪的效果。

应用：城市化的过程也是犯罪滋生的过程，娱乐场所和商业区的扩建，在城市大量储存着诱发犯罪的物资；人群拥挤、杂乱，人口成分处于复杂化，人员的流动加速了犯罪的传播；建筑物向高层和地下发展，密集拥挤的建筑物使市民的视野受阻，不利于对犯罪活动实施监视，这些城市化带来的成果在某种程度上成为犯罪活动的温床。

时间死角是无人目睹犯罪行为的空白时间，如夜间的街道、午休时间的办公室等。空间死角是物理空间中无人监管或疏于监管的地带，如夜间的地下通道、停车场、市郊小道等。心理死角是出于各种原因使人们对某些犯罪危险丧失必要的警惕性，如人们过于相信所居住的环境的治安状况，从心理上放松对自身安全和财物的警惕性，夏天夜晚敞开门窗睡觉，为盗贼的入室盗窃打开方便之门等。社会死角是由于居民互不关心、互不联系，缺乏应有的责任感，削弱了社会关系中的区域性控制和监视作用而形成的有利于犯罪的环境条件，如同一楼层的邻居互不认识，当陌生人进入公寓后不能引起应有的警觉，而导致犯罪的发生。

针对这四个死角，通过建立全天候的监视网络消除时间死角，以警察、保安和社区治安志愿者组成专职人员监控，以停车场、电梯、饭店、商店、列车、公共汽车、加油站等单位的职员和社区居民组成非专职人员监控，同时利用监视器、红外线摄像机等科技手段对通道、街区等区域进行技术监控，形成全天候的监视网络，及时发现和制止犯罪。通过构建全方位治安防范体系消除空间死角，在建筑物的设计上融入预防犯罪的理念，对社区的各个部位进行系统设计，使各个部位形成一个布局合理的有机整体，减少可供犯罪利用的空间。通过培养居民的自我防范意识消除心理死角，公安机关要做好犯罪预防宣传和教育工作，制作犯罪预防手册免费向居民发放；定期发布治安通报和治安预报使居民对辖区内的治安形势有所了解，提高对存在治安隐患和治安问题的警觉；警察走进学校对少年儿童进行犯罪预防教育；在醒目的位置或人多的地方张贴警示标语和图片，吸引居民关注。通过控制居民区规模、举办社区活动，增进居民之间的互动和了解，建立熟人化社会以消除社会死角。

该理论倡导在防卫空间中孕育四个要素：领地观念、自然监视、形象和环境，其目的是让潜在的犯罪嫌疑人意识到在该地作案具有较大的风险，从而放弃犯罪念头。具体措施包括：

确立领地观念，要使得居民对居住地域有一种归属感和责任感，当自己的领地受到犯罪的威胁时，居民会本能地站出来同违法犯罪作斗争，当犯罪嫌疑人感知到该地区居民的领地观念时会慑于区域的防卫而放弃犯罪。领地观念的确立有赖于社区组织的发展和社区文化的构建。

在社区整体设计上要有利于进行自然监视，如在公用区域和私用区域之间建立自然过渡的半公用区域；用围栏、栅栏、草坪明确划分私用区域；加强私用区域中人员的领属感；在绿化设计上要尽量避免遮挡视野，方便进行自然监视；在出入口处设立长条椅，使人们可以坐在出入口处监视出入的人员。增加自然监视，能够增加犯罪被发现的风险，从而预防和减少犯罪。

净化社区环境，建立安全社区。定期维护和检修社区内的基础设施，防止给人以破损、缺乏管理的印象；在社区中心位置修建水池或广场，既美化社区环境，又有利于增强整体的监视性；道路宽度要适宜，照明要充足；定期举办社区居民共同参与的社区清洁活动，清除垃圾死角。社区环境的改善和安全社区的建设需要社区民警、社区自治组织和全体社区居民的共同努力。

奥卡姆剃刀理论

解释：12 世纪，英国奥卡姆的威廉主张唯名论，只承认确实存在的东西，认为那些空洞无物的普遍性概念都是无用的累赘，应当被无情地“剃除”。他主张“如无必要，勿增实体”，这就是常说的“奥卡姆剃刀”。这个理论要求我们在处理事情时，要把握事情的主要实质，把握主流，解决最根本的问题，尤其要顺应自然，不要把事情人为地复杂化，这样才能把事情处理好。

应用：面对复杂的问题，要能够透过现象看到本质，把握主流，剔除那些不必要的累赘，以免分散精力和注意力。同时在处理和解决问题时，要顺其自然，就事论事，不要将本来简单的事情复杂化（很简单），而应尽力做到将复杂的事情简单化（很难），这样才能更好地处理问题。

警察在处理案件时应看清问题的实质，既不能盲目照搬法条，机械化处理；也不能将问题复杂化，激化矛盾。在一起家庭暴力案件中，丈夫把妻子打了，妻子报警叫来警察，警察验伤后认为丈夫对妻子实施暴力，导致轻伤，违反了法律规定，就逮捕了丈夫。原本妻子报警的目的只是吓唬丈夫，警告他不许对她动粗，然而警察却不明就里，不问清楚情况，只是简单地调查和判断就按照法律逮捕了施暴的丈夫。警察的处理确实是依法办案，没有违反法律的规定，然而，当丈夫被释放后回到家，并没有悔改，反而变本加厉，这名妇女的日子变得更加艰难。如果警察在处理案件时能考虑到当事人双方是夫妻这层特殊的关系，在处理上采取较为妥当的方式，如适用调解，努力化解夫妻二人的矛盾纠纷或者对施暴的丈夫适用警告，告诫他殴打妻子的行为是违法的，相应的惩罚措施有哪些，念及他是初犯并且妻子愿意和解，既往不咎，不对他作出更重的处罚，如若再犯必将严惩。温和的处理方式，兴许就能化解夫妻二人的矛盾，使二人冰释前嫌，而不会有后来丈夫被释放后忌恨妻子而实施报复的行为。警察在处理家庭纠纷时应注意调解，家庭问题不同于一般的矛盾纠纷，不能与其他纠纷等同处理，将问题复杂化，盲目适用法律，只会导致矛盾升级。所以，警察应透过问题的表面看本质，认识到问题的特殊性，而不是单纯按照发生的事实结果断案和处罚。调解工作就是要把矛盾化解在基层，能就地调解解决问题的就不诉诸处罚、不上交司法程序。一方面，中国人具有“厌讼”的历史情结；另一方面，无论是执行处罚还是上诉至法院，对于当事人和司法机关而言都需要耗费巨大的成本，等于将问题复杂化了。这是警察在实际工作中应着力避免的。

在处置群体性事件时洞察群体的利益诉求、看到事态恶化的诱因，通过协调相关部门和人员来针对性地解决这些根本问题，相比于事件爆发后的现场控制显得更为关键。如果不加详查，片面地将群体性事件视为刁民闹事、背后有邪恶势力的支持，将群众妖魔化，将简单问题复杂化，不仅不利于事件的最终解决，在看待问题上的失误必将导致处置思路的偏差，很可能使事态愈演愈烈，失去控制。

横山法则

横山法则

解释：日本社会学家横山宁夫提出，最有效并持续不断的控制不是强制，而是触发个人内在的自发控制。治安的本质或者最高追求其实就是唤醒人们的自发控制。

应用：人人自觉遵守社会规范、维护社会治安秩序是治安的终极目标。治安工作就是要通过外在的控制和引导唤醒人们的自发控制，使人们产生对治安秩序的认同感和责任感。那么，即使没有交通引导员，人们也还是会根据交通信号灯而不是路况来决定是否通行。

人具有自我保护的本能，但是如果没有外界的灌输、系统的教育和定向的引导，在面对犯罪时仍不能实施有效的自我保护。要使人形成这么一种安全防范意识，需要一个漫长的过程，需要将这种意识培养过程融入到人的社会化过程中。从家庭教育、学校教育、社会教育到警察等专门安全机构的宣传教育中，贯彻安全防范的理念、教授安全防范的知识和技能，不断强化人们的安全防范意识。通过各种宣传教育手段营造安全文化氛围，以唤醒人们的自发控制，自觉遵守和维护治安秩序，并逐步唤起人们自我保护、防范犯罪直至打击犯罪的意识。

被害预防是犯罪预防的重要方面。而被害预防的关键在于提高潜在被害人的防范意识，有意识地减少自身可能诱发犯罪侵害的因素，降低犯罪被害的风险和概率。防范意识的培养和提高，外界的灌输最终都必须经历一个内化的过程，即把对危险的敏感性、对风险的感知、对自身的保护等安全防范意识和能力内化为个人的习惯，在遇到危险时能够作出快速的判断，迅速提高警觉，并知道自己下一步应该采取何种措施进行自我保护，使安全不仅仅是一种本能，更是一种有意识的行动。

无论是自我保护还是被害预防，唤起人们内在的意识和控制，除了要靠自身认识的深化外，宣传教育也是必不可少的。宣传教育能否吸引人们的注意，重在创新宣传教育的手段和方式。传统宣传教育手段不能丢，如在社区里分发预防犯罪知识手册、举办预防犯罪专题讲座、张贴预防犯罪的宣传海报、播放预防犯罪的纪录片，这种形式多样、内容丰富的活动有助于扩大群众接受面，起到更好的宣传教育效果。而借助新媒体进行宣传教育是创新的趋向。江苏警察在街头举办“防诈骗”快闪、湖北警察开通公安微博、福建警察开设公安微信平台等利用创新方式吸引公众关注，将安全防范宣传教育延伸至街头、网络等新的阵地。

快速反应原则 TAP

快速反应原则 TAP

解释：快速反应原则 TAP（Time of Arrival Policing）是警察到达犯罪现场所需时间的简称。警察到达犯罪现场的时间分为三个阶段：第一，发现犯罪时间，即从犯罪行为的发生到被人发现的时间；第二，警察机构人员获悉犯罪的时间；第三，警方作出反应并到达犯罪现场的时间。在这三个时间中，第三个反应时间最为关键。我们公安机关应该对各种违法犯罪及人民群众的紧急救助坚持最快反应原则，缩短反应时间，提高警务工作时效。

应用：人民警察到达犯罪与紧急救助现场的时间快慢对预防和控制犯罪、减少人民群众的损失具有重大意义。警察到达犯罪现场速度越快，其预防和控制犯罪的作用和可能性就越大，减少犯罪危害、救助被害人和侦破案件的概率也越大。公安机关一定要坚持最快反应原则，通过信息、科技和人员三方面努力来提高警察对犯罪的快速反应能力，解决警务活动中的滞后问题。

在突发性事件中，警察的快速反应是警察掌握事态控制主动权的先决条件，决定了警察能否及时制止犯罪、防止伤害扩大化。公共场所突发性暴力事件的频繁发生危害了公共安全，破坏了社会秩序，造成了恶劣的社会影响，该类事件最突出的特点就是突发性强，表现为：对于公安机关而言，警情发生突然，常常是被动应急，难以做到提前预警；对于公众而言，应对突发暴力的发生缺乏警觉和能力。公安机关和公众的意识准备不足，为暴力实施提供了时间。同时，面对持械行凶的歹徒，群众处于弱势，手无寸铁，难以形成有效的抵抗，往往成为待宰羔羊。公共场所人员密集的特点，增大了人员疏散、躲避危险的难度，又极易造成伤害扩大化。整个事件过程发生突然、发展迅速，任何时间上的延误都有可能加大应急处置工作的难度，以至于使伤害、损失扩大，引发更为严重的后果。因此，对于突发性暴力事件的应急反应的首要原则就是快速反应，应急反应力量应力争在最短的时间内到达现场、控制事态、减少危害和损失。此外，包括决策、后勤等相关应急反应力量也应在第一时间对此作出快速反应，为应急反应、后续处置工作的开展及秩序恢复工作创造条件。

警察的快速反应决定了警察控制犯罪的效果。对于正在进行故意伤害、抢劫等暴力犯罪，警察的快速反应使得犯罪被及时制止和被害人得到解救；对于犯罪结束后，警察的快速反应使得被害人能够获得及时的救助，及时赶到的警察迅速展开证据收集、现场调查等工作，为案件的侦破争取有利条件。警察的快速反应是公众对警察的期望，有研究发现，民众对警察的态度所依据的是民众对警察响应时间的感觉，如果民众感到警察响应很快，就会感到满意，响应时间长则反之。

快速反应是警察应对犯罪的一种姿态，表明警察对打击犯罪的决心。

根据该理论，警察能否做到快速反应取决于发现犯罪的时间、警察获悉犯罪的时间和警察对犯罪作出反应的时间。发现犯罪的时间的可控性相对不强，所以警察的快速反应更注重从缩短警察获悉犯罪的时间和警察对犯罪作出反应的时间入手。可以通过积极动员民众举报犯罪，参与打击犯罪，完善报警系统，为民众报警创造各种便利的条件，以及通过警力下沉街面、安装视频监控系统等方法严密社会面的犯罪监控网络，及时发现犯罪，缩短警察获悉犯罪的时间。缩短警察对犯罪作出反应的时间则需要制度支持。例如，对警察接到报警后到达现场的时间作出硬性规定，以明确警察队伍自身的要求；以高科技装备武装警察，提高警察应对犯罪的机动能力；完善警察的接处警机制等。

“咬犯罪一口”

解释：“咬犯罪一口”是20世纪80年代美国通过大众传媒来宣传犯罪预防的公共信息传播运动。电视节目里一个名叫“麦格鲁夫”（穿着雨衣的狗）的动画片角色模仿犯罪向观众表明遇到同样情况时应采取的恰当反应。

应用：大众宣传是提高公众自我保护意识和能力的重要途径和方式，为了使宣传内容深入人心，实现宣传意图，就要在创新大众宣传方式上花心思、下功夫，如此才能吸引公众的目光，提高宣传的影响力。“咬犯罪一口”是通过塑造出一个公众喜爱的动画形象，并借此形象向公众宣传犯罪预防的一个电视节目，因为其宣传形式新颖而有趣，吸引了社会广泛的关注，掀起传播风潮。在犯罪预防与安全防范宣传方面，传统的方式有在社区展板陈列防火防盗防抢防骗等知识和图片、以露天电影的形式播放与犯罪预防相关题材的影片、发放宣传单、社区工作人员现场授受等方式，这些传统的宣传方式由于难以调动公众的参与热情和兴趣，宣传效果极为有限。

“咬犯罪一口”这档节目在节目名称的选择上就很有考究。犯罪本是一种抽象的概念，怎么能咬呢？这个名字首先就能吸引观众的关注。而节目主持人是一个动画角色，由一个招人喜爱的角色来介绍犯罪和预防犯罪的措施，不仅能够降低人们对犯罪的恐惧，而且能够调动人们学习的积极性。所以，在进行犯罪预防、安全防范宣传教育时，不仅要根据宣传目的和目标对象，选择适当的宣传，而且要明确受众定位，采取对象受众喜闻乐见的方式进行宣传教育。治安宣传实践中，各地涌现出各种各样的创新宣传的做法，如常熟警察在繁华街头以“防诈骗”快闪的形式进行防诈骗宣传、济南警察自编防骗打油诗、公安大学王大伟教授安全防范口诀、以犯罪预防和安全防范知识为歌词改编经典曲目等。除了传统媒体之外，新型媒体也逐渐步入治安防范宣传的行列，正发挥着重要的宣传作用。随着网络社交工具的普及，利用网络平台开辟新的宣传阵地已为各地公安机关所采纳，公安门户网站、警务微博、警务微信公众账号等纷纷涌现，将警务宣传与网民的网上活动连接在一起，实现了有效的警民互动。

二八法则

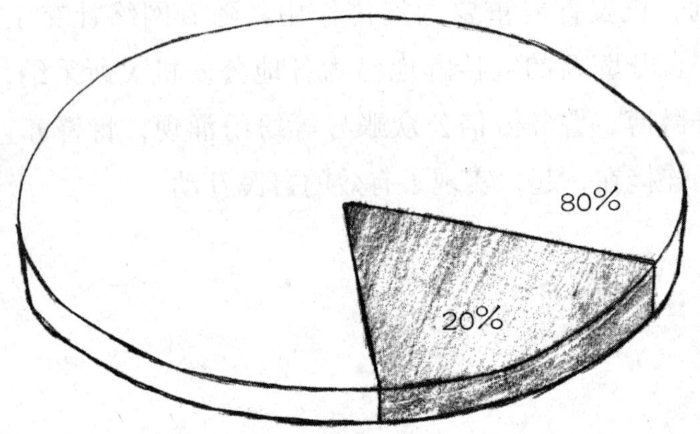

二八法则

解释：19 世纪末 20 世纪初意大利的经济学家维尔弗雷多·帕累托认为，在任何一组东西中，最重要的只占其中一小部分，约 20%，其余 80% 尽管是多数，却是次要的。社会约 80% 的财富集中在 20% 的人手中，而 80% 的人只占有 20% 的财富。这种统计的不平衡性在社会、经济及生活中无处不在。

应用：社会上守法公民与违法犯罪人员的分布特点与二八法则揭示的现象具有相似之处，即社会上大多数人都是守法公民，只有少数人才会实施违法犯罪行为。针对这一特点，警察应把预防和打击犯罪的重点放在对少数潜在犯罪人的管控上。有调查发现，在所有违法犯罪案件中有 80% 是由 20% 的犯罪人实施的，这就说明了具有犯罪前科的人实施再犯的可能性相当大。所以，将警力资源重点投入到这部分人员的管控中，实施重点预防和打击，是控制犯罪的重要方法。这部分人员包括但不限于：曾被判处刑罚的人、曾受过治安管理处罚的人、曾受过公安机关打击的人、肇事肇祸精神病人、吸毒人员、赌博人员等，在实务中，被称之为“高危人员”“重点人口”等，对这部分人员的管控是社会治安防控工作的重要内容，是公安人口管理工作的着力点。在犯罪侦查领域，若在犯罪嫌疑人中发现具有犯罪前科的人，在进行审查时应重点关注，当然调查中应遵守执法程序，尊重客观证据和事实，若有充分的证据能够排除对象的嫌疑，则应及时解除控制。

二八法则也可用于重点单位、重点场所的安全保卫。机场、火车站等场所是重要交通枢纽，承担着重要的公共功能，加之这些场所人口密集，一旦发生违法犯罪，将会造成极大的危害后果。政府机关、国家级文物保护单位，以及重要企事业单位具有较强的特殊性，一旦在这些地方发生违法犯罪，将产生极为恶劣的社会影响。对于这些特殊单位和场所，应适当增加保卫力量，加强对这些单位和场所的保卫工作。

本体安全理论

本体安全理论

解释：著名社会学家吉登斯在其 1991 年出版的《现代性与自我认同：现代晚期的自我与社会》一书中首次提出了“本体安全”（Ontological Security）这一概念，系统阐述了本体安全对于减弱个人存在性焦虑、构成自我认同，以及个体形成对他者与社会环境的基本信任的意义。吉登斯首先指出，作为社会生活中的个人，在无意识和实践意识的层面上，都会面临最基本的存在性问题，如存在性焦虑（Existential Anxiety）。作为普遍现象，存在性焦虑源于个体去超前思考及预期与当下行动有关的事实的未来可能性的能力和必要性。这种焦虑通常表现为不时为未来的不确定性而担心，心理上总伴随着不同程度的不安全感。吉登斯认为，个体来到现实世界，为了能正常参与社会生活并有效行动，必须将这种存在性焦虑与不确定感控制在可以忍受的范围内，而这就需要建立与维持个人的“本体安全”。

应用：从本体安全理论的含义可以看出，本体安全作为一种特定主体的感受，存在于人的大部分活动之中。在现实生活中，只有本体安全感强的时候，人们才会轻松地生活，各种社会活动才能进行下去。人的存在性焦虑来自很多方面，其中，对犯罪的恐惧是导致存在性焦虑的重要因素，当人们在肮脏、混乱、嘈杂的地方生活时，特别是存在犯罪多发、无人管理的状况时，居住在这里的人的存在性焦虑就会特别强烈。对遭受侵害的恐惧和担忧，对得到帮助和救护的不确定性，对风险的模糊感知，以及对自身抵御危险能力的怀疑等都会加剧个人的不确定感。伴随着不确定感的产生，还造成了公众对警察满意度下降和对警察的不信任。当存在性焦虑和不确定感超出个人所能容忍的限度时，人就会将自己与外界隔绝开来，就会导致人与人之间的冷漠，对公共事务的漠不关心，整个社会就处于一种病态中。这在一定程度上助长了犯罪。

人与社会之间存在双向互动的过程，任何一个人的生存和发展都不可能脱离社会，一个和谐有序、安全稳定的社会秩序需要每个人共同维护。建立和维持个人的“本体安全”，既需要社会环境的改善，又需要人自身观念的改变。治安秩序的维护需要警察和社会公众的齐心协力，在维护社会治安秩序的过程中，警察在其中所能发挥的作用在于预防、制止和打击犯罪，维护良好的社会治安秩序；同时提高社会公众对犯罪的认识，降低社会公众对犯罪的恐惧感，动员社会公众参与社会治安防控，提高个人抵御犯罪的能力，提高公众安全感。而公众需要树立公民的责任感，需要积极参与到公共事务中，配合警察的工作。警察与公众的良性互动，对于提高公众对警察的满意度和信任感，以及提高公众安全感和责任感都具有重要意义。

多米诺骨牌效应

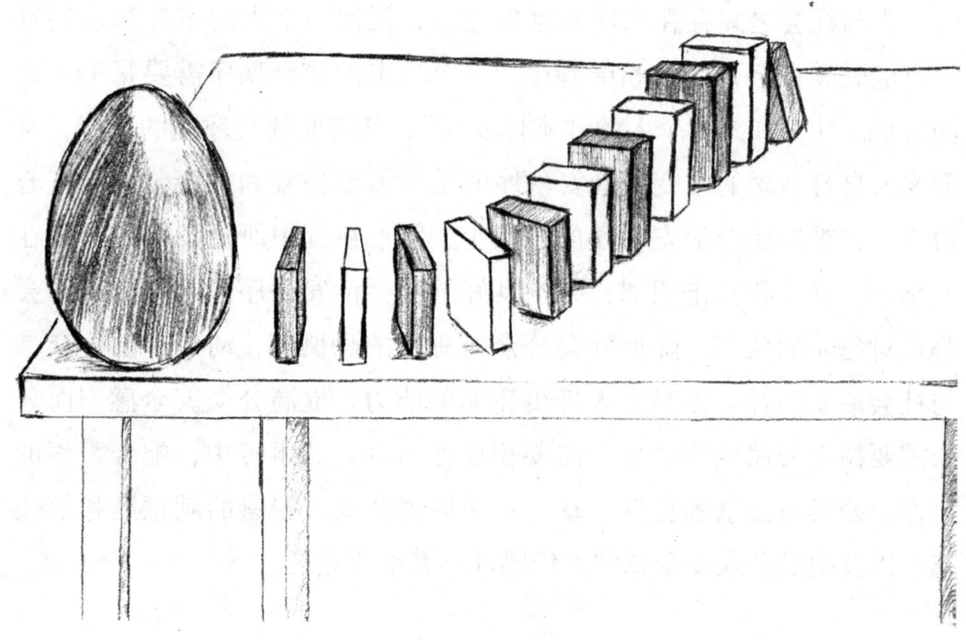

多米诺骨牌效应

解释：多米诺骨牌是一种用木制、骨制或塑料制成的长方形骨牌。玩时将骨牌按一定间距排列成行，轻轻碰倒第一枚骨牌，其余的骨牌就会产生连锁反应，依次倒下。

应用：事物之间存在着一定的内在联系，一件事情的发生可能成为触发另一件事件的诱因，并进而发生连锁效应，导致灾难性的后果，而这往往是当事人始料未及的。多米诺骨牌效应告诉我们要以发展的眼光看待问题，在作决策时要看到事物之间的联系，竭尽全力避免灾难性后果的发生。警察在处置各类案件时既要严格依法执法，又要对案件可能引发的各种情况作出科学的预判和分析，避免多米诺骨牌效应。在现实中，很多事件的起因与警察无关，但是因为警察是事件处置的主要力量，一旦处置不当，极有可能使矛盾的焦点转移至警察身上，引发警民冲突。在贵州瓮安事件中，当地警方接获女中学生死亡的警情后到现场打捞，但在打捞未果后即撤离现场，群众认为警方没有尽力处理，没有尽到责任，引发了死者家属的不满。当死者家属对警方的死者死因鉴定存在不满和质疑时警方对此没有任何令人满意的回应，这就成为了事件的导火索。谣言的渲染挑起了当地群众长期以来对政府的不满情绪，最终事件呈现出多米诺骨牌效应，造成了群众冲击政府的严重后果。类似的事件不在少数，警察在处置案件中任何一个环节出现的失误，若没有得到及时有效的补救，就都有可能引发矛盾聚集，造成警民冲突，对此公安机关应吸取教训，引以为鉴。

沃尔森法则

沃尔森法则

解释：这是由美国企业家 S. M. 沃尔森提出的法则。你能得到多少，往往取决于你能知道多少。要在变幻莫测的市场竞争中立于不败之地，你就必须准确快速地获悉各种情报：市场有什么新动向？竞争对手有什么新举措？在获得了这些情报后，果敢迅速地采取行动，这样你不成功都难。情报导向型警务主要观点认为，情报是决定警务工作成败的关键。情报获取的时间与犯罪率呈负相关关系。什么样的情报决定要采取什么样的警务活动。

应用：情报信息对于公安工作的基础要素，决定了公安工作的方向。就像沃尔森法则所说的一样，公安工作能取得多少战果，往往取决于掌握多少情报信息。在公安工作中要注重对情报的搜集、加工、分析和研判，并将之应用于公安实务中，发挥情报的价值。重视情报的作用是应用情报的前提，情报搜集是最基础的情报工作。公安机关应拓宽情报搜集的渠道，除了依靠基层公安民警，构建第一手情报的主干脉络外，要充分利用各种社会力量，如专职治安人员和群众力量搜集治安情报，还应注重同外部信息交流，公安系统外的情报源是公安情报的重要补充。情报的加工、分析和研判在于去粗取精，过滤无价值信息，挑选出能够为我所用的情报。情报工作的最终目的就在于利用情报处置案件、事件，情报工作的终端指向应用。利用情报串案并案，实现对犯罪的精准打击；利用情报研判结果，实现对治安形势的预警；利用情报提高信息作战的水平和治安防控的能力等。

公安机关在同违法犯罪作斗争时掌握情报才能抢占先机，在犯罪发生之前获悉犯罪的动态，将犯罪止于未发之时或者将犯罪危害降至最小；在犯罪发生之时，获取情报能帮助公安机关掌握犯罪的动向，精确打击违法犯罪；在制服犯罪之后，情报的作用在于清除犯罪残余，彻底铲除犯罪的根基。情报是公安机关同犯罪进行博弈的制胜筹码，理应得到高度重视。

弹簧原理

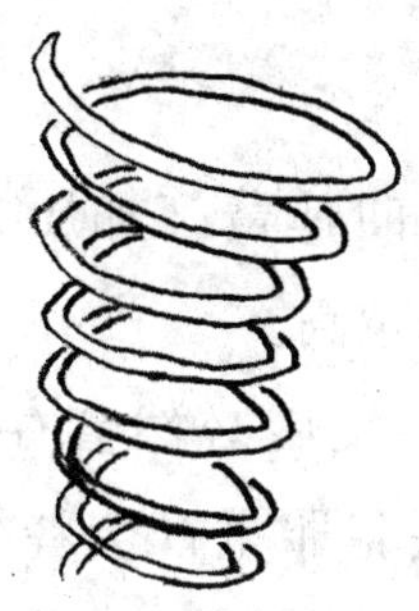

弹簧原理

解释：弹簧具有弹性，向弹簧施加压力时，力度越大，引起弹簧的反弹就越大，弹簧就弹得越高。

应用：违法犯罪是社会发展必然会存在的现象，是社会的常态。社会安全阀理论认为，违法犯罪是社会释放发展过程中积聚的压力的一种方式。建立在此种认识的基础上，警察必须改变过去试图完全消灭违法犯罪的警务政策，而转变为控制犯罪的警务政策，警察的目的在于维护社会治安秩序，通过各种控制手段使违法犯罪保持在社会能够容忍的限度之内。联系违法犯罪与弹簧原理，我们可以得出这么一种认识：处于社会容忍限度之内的违法犯罪就好比是不受力的弹簧，处于自然伸缩的状态。社会对违法犯罪的影响相当于一股施加在弹簧之上的力，随着社会的发展，违法犯罪会发生变化，就像力施加在弹簧上后弹簧会处于来回伸缩的状态。此时，若社会条件有利于违法犯罪的增长，就会使违法犯罪超出限度，就好比力道过大，弹簧伸缩的幅度超出规定的范围，出现这种情况时，警察就应该出面进行控制，施加另一道力将弹簧压回规定的范围内。但是如果警察打击犯罪的力度过大，虽然能明显降低犯罪率并在短时间内维持在较低水平，但是一旦警察放松控制，犯罪很快会出现大幅回升，类似弹簧被施加过大的力度进行压缩后，一旦压力解除，弹簧将会迅速反弹，并超出限定的范围。这也就解释历次“严打”行动过后，只要警方放松对违法犯罪的控制，违法犯罪就会迅速抬头，犯罪率就会快速回升的原因。

自行车原理

自行车原理

解释：自行车最稳定的状态不是静止停放在某个地方，而是骑动起来。

应用：社会的发展是一个动态变化的过程，犯罪、违法乱纪、秩序紊乱、事故灾害等现象是社会治安问题的表现形式，这些社会治安问题的发生是与社会的发展相伴而行的，也呈现出动态变化的规律。社会治安防控体系最根本的理念在于对影响社会治安的各种因素的控制，是利用专门力量与社会资源进行治安防控的过程，针对社会治安问题变动性的特点，治安防控也应强调动态防控。自行车理论阐释了运动的自行车相较于静止的自行车更具有稳定性，这是一种动态的稳定性。同理，治安防控也是一种动态维护社会治安秩序的过程。这种动态性表现为：治安防控对不断呈现出的新的治安问题要具有适应性，治安问题出现了就要采取针对性的防控措施，治安问题发生了变化也要相应地调整防控措施。所谓“道高一尺，魔高一丈”，要有效预防社会治安问题的发生和控制社会治安问题的恶化，公安机关在实施治安防控时就要具有前瞻性和敏锐性，及时发现治安问题出现的征兆和转变的苗头，以积极主动的姿态，充分掌握主动权，不断调整变化以适应社会发展的需要。

发生大规模人群聚集，如在商业区的新产品抢购风潮、节假日热门旅游景区游客爆满，极端表现为在广场、主要街道等公共场所发生的群体性事件，公安机关在进行现场控制时也要遵循动态的理念。人群大规模的聚集会对现场的公共秩序造成一定的影响，如果放任不管，不及时作出处置，只要有一丝风吹草动，就可能引发踩踏、混乱等恶性后果。所以，公安机关处置这类事件的策略就是有序引导人群流动起来，逐步将人群分流至开阔的地带。因为人员的驻足停留会使后续人流的涌入遭遇阻碍，形成压力，造成拥挤，所以现场的秩序引导员一旦发现这种情况就应该及时制止，引导行人沿着指定路线走动起来。在群体性事件的处置中特别强调人员疏散也是这个道理。因为，聚集的人员在亢奋状态中处于极不稳定的状态，如果不及时排解规模压力，就很可能在某一引爆事件的作用下发生暴动。所以，公安机关对此类事件进行处置时首先是劝导集群人员自动解散，如若劝告无效，则可以利用便衣警察混入人群对煽动集群的主要人员进行强制带离，外围警察主要负责外围群众的引导带离，减小人群的规模。

飞轮效应

飞轮效应

解释：飞轮效应指为了使静止的飞轮转动起来，一开始你必须使很大的力气，一圈一圈反复地推，每转一圈都很费力，但是每一圈的努力都不会白费，飞轮会转动得越来越快。达到某一临界点后，飞轮的重力和冲力会成为推动力的一部分。这时，你无须再费更大的力气，飞轮依旧会快速转动，而且不停地转动。

应用：在警务实践中，每一项新的警务政策或每一个新的警务措施的出台都会遭遇重重阻力，如来自体制惯性对新政策实施形成的阻力，警员在落实新政策、实行新措施过程中的适应性难题，群众对新政策、新措施的不理解和不支持，等等。实行新的警务政策、采取新的警务措施本身是一个试错的过程，对旧的政策和措施的摒弃，必然会出现利益的重新调整，因而受到利益剥夺或侵犯时必然会进行抵制，这是在新事物出现之处必然会遇到的问题。要突破这层阻力，使新的警务政策和措施持续运转起来，就要在推行的过程中不断解决出现的问题，决策层要调查了解实践操作中的问题，听取基层民警和群众的意见，不断对政策和措施进行适应性调整，争取基层民警和社会的认可和支持。当警务政策和警务措施在推行过程中，逐渐克服自身的内在弊端和经受的外在阻力，逐步契合社会发展的需要、进入运行的轨道，利用自身的优越性和有效性就能以较小的成本维持其自身的运行。这就是飞轮效应在推行新的警务政策和警务措施方面的具体应用。

新的社区民警走入社区的过程也像转动飞轮的过程，在一开始开展工作时会不适应、受到的阻力较大，一方面是因为民警本身不熟悉社区的情况，熟悉社情民意除了要建立在前人社区警务工作成果的基础上，还要亲自实践，要核实社区基本情况、了解社区的变化，更新数据库等，这是一件工作量大而且耗费时间的工作；另一方面是因为新来的民警与社区居民之间存在陌生感和一定的隔阂，这种隔离表现为居民更多的是在观察新人，尚未建立信任关系。所以，一名社会民警在进入新的社区时建立起与社区居民之间的联系，打破陌生感形成的隔阂是开展社区警务工作的首要任务。社区民警不能待在警务室里，而应走出警务室，深入社区，主动同社区居民进行交往，除了处理社区警情和居民纠纷等常规警务工作外，还要通过经常性地进行走访入户、与社区居民进行日常交流、认真帮助居民解决力所能及的问题等方式逐渐融入社区的生活，与社区居民之间建立警民互信互助关系，以促进警民合作。社区民警克服入门的障碍，逐渐步入社区警务工作的正规，在往后的工作中将更从容不迫、游刃有余。

火焰现象

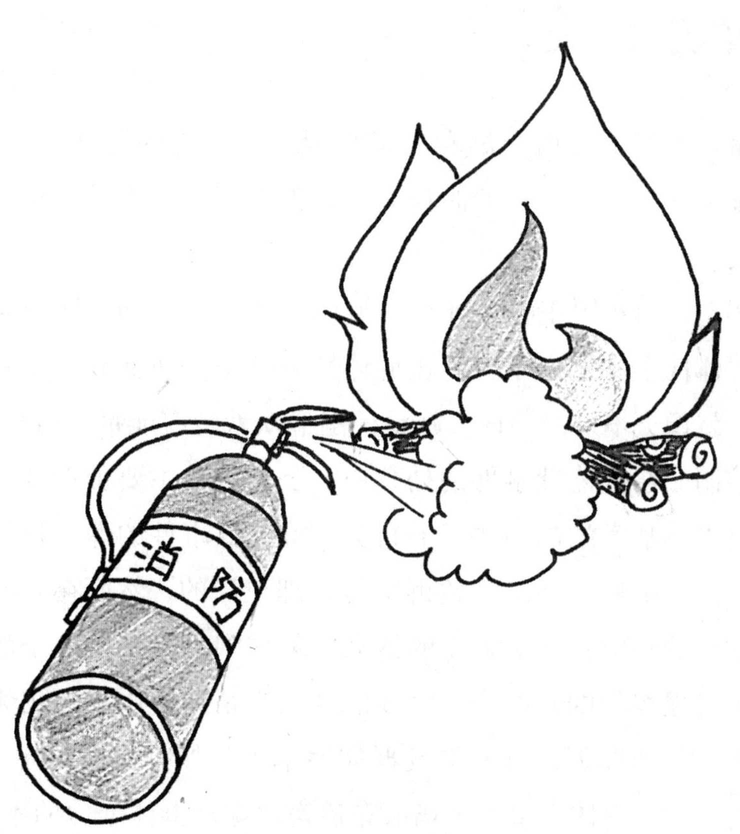

火焰现象

解释：火焰都是由内焰和外焰组成的，外焰的温度高，能量大，而内焰则是根本。在灭火的时候，只有灭火器对准火焰的根部，才能快速灭火。

应用：目前我国正处在社会转型期与矛盾凸显期，社会各种矛盾尖锐，群体性事件层出不穷。在群体性事件中，外围群众总是处于极端状态，就像火焰外焰一样，越是外围群众就越有能量，情绪越激动，就越难控制。在群体性事件的处置中，公安机关主要负责现场秩序的控制和打击趁乱实施的违法犯罪行为。群体性事件的爆发是社会积弊的反映，多数事件之初的利益诉求是合理正当的，然而在人群聚集时都有非理性的倾向，不明真相的群众极易受到少数不法分子的恶意鼓动，将平日里积聚的对社会、对政府的不满情绪集中爆发出来，在缺乏有效控制的情况下，极易引发群体性暴力，如打、砸、抢、烧等违法犯罪行为。对群体性事件现场散布谣言、煽动群体暴力的不法分子，公安机关要实施重点控制和打击，这部分人员是导致群体性事件恶化的重要根源性因素，正如火焰理论中的内焰，对这部分肇事人员的有效控制是群体性事件现场控制的关键。

公安机关开展打黑除恶行动，就是一项针对长期形成的黑社会犯罪的根源性打击。在有些地区，不法分子欺行霸市、为追求土地利益以暴力手段逼迫拆迁户就范、教唆出租车司机集体罢运对社会秩序造成极其恶劣的影响等诸多违法犯罪行为竟在光天化日之下发生，在黑恶势力的支撑下，为祸一方，使当地群众苦不堪言。打击违法犯罪，只是一种事后的补救措施，只能是发生一起，打击一起，然而如果这些违法犯罪行为背后的黑社会组织不铲除，就难以从根本上解决问题。以黑社会组织为内焰，为黑社会团伙成员的违法犯罪行为提供源源不断的支持，是导致黑社会犯罪猖獗的根本原因。所以，要彻底消除黑社会犯罪、打击黑社会犯罪的嚣张气焰，关键就在于铲除黑社会组织及其赖以滋生的土壤，即黑社会背后的政治、经济等各个方面的支持。

解决问题的关键在于抓住问题的主要矛盾和关键节点，这是公安机关在事件处置和打击犯罪时应恪守的原则。

荷塘效应

荷塘效应

解释：经济学中“荷塘效应”阐述了这么一个现象：假设第 1 天，荷塘里有 1 片荷叶，1 天后新长出 2 片，2 天后新长出 4 片，3 天后新长出 8 片，一直到第 47 天，我们也只看到荷塘里依然只有不到 1/4 的地方长有荷叶，大部分水面还是空的，而令人瞠目结舌的是，到第 48 天荷叶就掩盖了半个荷塘，又过了仅仅 1 天，荷叶就掩盖了整个荷塘。在 47 天的“临界点”之前，信息可能都处于缓慢的滋长期，难以引起人的注意，而一旦到了最后那天，瞬间爆发，其影响力将让人瞠目结舌。

应用：将矛盾化解在基层是“枫桥经验”的要义所在。警民冲突是由警察在同群众打交道的过程中，与群众发生微小摩擦和矛盾却没有得到有效解决而造成的，当问题没有妥善解决，日积月累，就为日后警民矛盾激化埋下了伏笔。所以，警察无论是在执法中还是在管理中，除了要遵守文明执法、规范执法外，一定要注意积极回应群众的质疑和困惑，及时消除群众的误解、打消群众的疑虑、化解警民矛盾的根源。粗暴执法、态度恶劣、敷衍了事、推诿扯皮等不作为、乱作为的行为往往是引发警民冲突的重要因素，所以警察在工作中一定要坚决杜绝此类行为的发生。

在群体性事件发生初期，并没有形成大规模的人员，也不会对社会秩序和公共安全造成重大伤害，如果在群体性事件发生初期进行妥善处理，可以将群体性事件的影响降到最低。所以，在群体性事件发生之初，公安机关就应该引起足够的重视，密切关注事件发展，并实施适度的干预。

荷塘效应还可以应用在突发事件的社会舆论控制方面。在发生突发事件时，警方除了要积极采取行动应对突发事件外，还要时刻关注社会舆论动态，保障社会公众的知情权，第一时间发布信息，并随着事件调查与处置的缓慢推进，适当公布案情和澄清事实，以形成对警方有利的舆论环境。放任舆论的自由发展，漠视社会公众的诉求和知情权，不仅会为谣言的滋生和传播创造条件，而且极大地影响了公安机关的形象，影响了警察的权威。谣言传播之初，网络上对此的回应可能篇幅有限，似乎难成气候，对此，如果公安机关坐视不管的话，就会引发公众的猜疑，这就为不实谣言的传播提供了基础，人们开始偏听偏信、将信将疑，网络中的讨论渐趋增多。如果公安机关不加积极回应的话，就纵容了谣言的传播，将导致谣言大规模地发酵。就像荷塘效应揭示的，待到谣言造成极恶劣的社会影响，公安机关再作出被动反应时，可能事态就不是公安机关所能控制得了。一旦成为危机事件，对于处于危机旋涡中心的公安机关将极为不利。

栅栏效应

栅栏效应

解释：栅栏能否起到功效，不仅取决于每一块木板的长度，还取决于木板间的结合是否紧密。如果木板间存在缝隙，或者缝隙很大，同样无法起到拦截或者防范作用。

应用：群体性案件的处置需要政府相关的通力协作，而政府相关部门之间的配合缺位、不作为甚至乱作为往往影响了事件的妥善处置。群体性事件发生后，相关部门往往不能及时到位，而是由公安民警在现场维护秩序。多数情况下，公安机关的职责在于维护现场秩序，被排遣到现场时既不了解情况，也没有权力解决问题，聚集的群众希望政府出面回应诉求，处在现场一线的公安机关对于群众而言就代表着政府，然而现场民警无法代表政府作出回应和表态，这往往会引起群众的不满，转而把矛头转向公安机关。如此，公安机关就被推到风口浪尖之上，原本只是现场控制的公安机关却成为相关责任部门的“挡箭牌”。在这种情况下，公安机关不仅担负着秩序维护之责，还应该积极与相关部门协调，通过与现场群众的沟通，了解情况、调查事实，并将群众的诉求和矛盾的焦点移交相关部门解决。在处置群体性事件中，公安机关与相关部门之间的合作，应形成严密的栅栏，阻挡非法势力对政府的冲击，共同推进问题的解决。

同样，公安机关内部各部门之间的合作也要形成一道严密的栅栏，相互之间紧密合作，形成打击违法犯罪的合力。栅栏效应说明了一个团队的战斗力，不仅取决于每一个部门的战斗力，也取决于部门与部门之间的相互协作、相互配合，这样才能均衡紧密地结合成一个强大的整体。这样的合作发生在很多场合，如突发性暴力事件处置中，交警负责维护现场周边的交通秩序，必要时实行交通管制；治安警负责安全疏散中心地带的群众，协调现场救援，维持现场治安秩序，防止趁乱作案的违法犯罪行为；刑警着手现场证据的收集，开展刑事侦查工作；国保部门调查事件背后是否有涉外、涉恐、分裂势力参与，做好情报搜集工作；特警进入核心区域，直接对犯罪嫌疑人进行武力控制。整个事件的处置需要公安机关各个部门、各个警种之间的协调与合作，共同应对突发性暴力事件等需要集合警力进行处置的事件。

情绪效应原理

情绪效应原理

解释：古希腊有个杰出的哲学家叫德漠克利特，他总是笑脸迎人，不摆架子，被人美称为“含笑哲学家”。情绪效应应用在教育学中强调，施教者在工作不顺利或情绪不好的时候能注意调节，多给学生以笑脸，给学生以信任，为学生的成长创造一个宽松的心理环境，那么，在学生犯错误时，即使严厉批评他，他也会认为是为他好，从而能虚心地接受老师的批评。

应用：如果警察在同群众打交道的时候板着一副威严的面孔，或者摆出一副傲慢的姿态，无形中就拉开了警民之间的距离，引起群众对警察的反感，难以取得群众对警务工作的理解、支持和配合。相反，如果警察在执法过程中，切实遵守执法规范，如在要求群众出示证件时，注意规范用语，“我是某某单位民警，现根据某某法律对你实施例行检查，请您配合”；在对方需要帮助的时候，降低姿态，微笑以对，热情服务；在对方心急如焚时，警察要先让求助者稳定情绪，而不是立即开始例行的工作流程，要懂得站在求助者的角度思考问题，想民之所想，急民之所急，如对于一个孩子走失的母亲，警察受理此类案件时，要马上放下手中的工作去安慰她，而不是先让她登记。诸如此类，警察在实际的警务工作中，公安机关对于人民群众应该礼貌待人，态度端正，这样才是正常开展警务工作的前提和基础，具体来讲，我们公安机关人民警察可以从以下几个方面入手开展工作：

（1）恰当的礼仪。在执法过程中，警察的一言一行备受关注。警察在执法中往往居于强势的地位，处于弱势一方的群众心理上极易产生对警察的戒备心理，无形中成为了警察开展工作的障碍。在面对群众时，警察戴着墨镜、抱手、双手插兜或者命令式的口吻对民众指手画脚等不恰当的礼仪方式会增加警民之间的距离感，甚而会引起群众的反感，导致群众的不配合，从而影响警务工作的质量。因此，应重视警察执法礼仪规范。

（2）稳健的姿态。警察严格遵守警容风纪的规定，工作时间穿戴整齐，保持警容警姿。在接受群众求助时，立正站好，保持稳健的姿态，认真听取群众的求助，在询问被害人的过程中给予适当的安慰和劝导，能够起到安抚群众的作用；在街面巡逻、执行社会安保任务时，每一个警察的警容警姿都代表着警察集体的形象，在万众瞩目之下，警察应保持端正、稳健的姿态，以符合公众对警察犯罪打击者、安全守护者的形象的期待。武警和警察执勤姿态的对比图曝光，使警察的形象受到极大的污损，警察队伍应引以为戒。

总之，在各种警务工作中，能恰如其分地运用手势、表情、动作、眼神等，不仅可以起到安抚群众、缓和氛围的作用，而且有利于塑造和维护良好的警察形象。警容风纪、礼仪用语等警察基础职业规范不应被视为鸡肋，而应得到特别的重视。

狼性法则

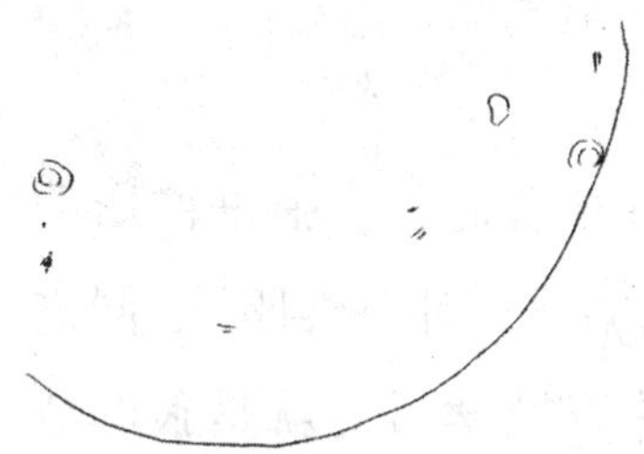

狼性法则

解释：狼，是陆地上生物最高的食物链终结者之一。狼是群居动物中最有秩序、最有纪律的群族，狼有许多特点：“卧薪尝胆”、同进同退、表里如一、知己知彼。而最值得我们称赞及学习的就是狼的战斗精神，它们的团队意识很强，永远是众狼一心，协同作战。

狼是一种时刻保持危机感的动物。能生存八九年的老狼，都经历了太多的生存与死亡的战斗，有很多次它们都是凭着自己的勇猛把自己从死亡边缘拉了回来。敌人在它们身上留下了太多的伤痕，而这些伤痕也见证了它们顽强的生命力。要生存，就要活下去；要认识自己，就要有所行动；我们最大的敌人便是恐怖、懦弱和胆怯。

应用：狼性法则给公安管理工作带来了诸多启发：

(1) 团结一心：狼在面对强敌时，总能团结一心，群起而攻之，公安机关也需要这种团结意识。娱乐场所卖淫嫖娼可能涉及组织卖淫，群体性事件可能有境外敌对势力的背景、可能出现暴力犯罪，从吸毒引出贩毒、运毒等毒品犯罪链条等，违法犯罪根源的复杂性、牵连的广泛性，这些都大大增加了违法犯罪侦查和治理的难度，需要公安机关各部门、各警种应紧密团结、相互协作，形成合力共同打击犯罪，维护社会治安秩序。

(2) 同进同退：虽然狼通常独自活动，但狼却是最团结的动物，你不会发现有哪只狼在同伴受伤时独自逃走。警察在办理案件过程中，也会遭遇挫折与困难，受伤与牺牲在所难免，警察队伍一定要誓死共进退，对得起头顶的警徽与双肩的责任。在执法过程中，双警的标准配置除了发挥执法监督的功能外，对于警察而言，更重要的是形成警察之间的相互合作和保护。

（3）自知之明：近年来“有困难，找警察”理念逐渐引起了警界的反思。在这一理念的倡导下，出现了很多非警务求助，如报警开锁、报警找狗、报警修水电等，基于有警必接的要求，警察往往缠身于非警务活动之中，严重浪费了公共资源。这一教训说明了盲目扩张自己的责任范围，过分夸大服务职能，结果是自陷困境。分担了太多维护治安与惩罚犯罪以外的事务，反而遭受社会的诟病。这也需要引起公安机关反思，警察的所有工作都应该围绕着执法者这一首要角色而展开。警察的权力和能力都是有限的，过分夸大警察职责的口号不要乱喊，难以完成的任务不要乱接，浪费警力的琐事不要乱做。警察需要正视自身，只有这样我们警察队伍才能保持效率，才能树立起权威，以威立警。

（4）顺水行舟：狼知道如何用最小的代价，换取最大的回报。现实中警察为了办理某些案件而付出了沉重的代价。每年警察因公牺牲不在少数，警察这一职业的危险性高居榜首，这些都是值得我们深思的。降低打击违法犯罪的成本，首先要提高警察的自我保护能力，在与亡命之徒作斗争的过程中不能盲干硬拼，而要见机行事，以智取胜。公安机关也必须掌握这一处世哲学，重塑组织内的积极氛围，以改变警察队伍压抑的状态。

（5）知己知彼：狼尊重每个对手，狼在每次攻击前都会去了解对手，而不会轻视它，所以狼一生的攻击很少失误。警察更应掌握这一原则，在侦破犯罪的过程中，只有做到知己知彼，才能百战不殆，警察队伍的战斗力才能慑服犯罪。以打击毒品犯罪为例，由于毒品犯罪往往涉及一整条犯罪链，牵连甚广，公安机关要做好前期调查工作，了解毒品犯罪的来源、运输途径、销售渠道、毒品最终消费群体等情况，侦查毒品犯罪往往从吸毒者入手，顺藤摸瓜，直捣犯罪的巢穴。由于毒品犯罪的隐蔽性和贩毒集团的狡诈，侦查难度极大。因此，做好前期调查和侦查布控，达到知己知彼的目的，才能在与犯罪分子的较量中占尽先机。

拉锯效应

拉锯效应

解释：日本有一家企业，在招聘员工时，要进行一场特殊的考试：他们把报考的人带到一个农场，并随机将每两个人分成一组，然后发给每组一把锯子要求将一根圆木头锯成两段。在锯圆木头时，有的组两个人不能相互配合，快慢不当，费了很长时间才把圆木头锯开；有的组两个人很快就磨合好，能相互配合，用了很短时间就把圆木头锯开。结果，这家企业将“能否相互配合很快锯开圆木头”作为是否录用的一个重要指标。在社会分工更加精细更加需要协调的今天，一个优秀的人才要发挥作用，必须善于与他人相互配合，否则将一事难成。人们将此称为“拉锯效应”。

应用：依据拉锯效应，企业领导要管理好一所企业，企业领导成员之间、下属之间，以及企业领导者和下属之间都要注重在各方面相互配合，形成 1 +1 >2 的局面，使企业的效益获得不断上升。

随着社会的发展，警力也随之不断增加，但是我国目前警力匮乏的现象仍然很普遍，如何充分发挥有限警力的效用是目前警务工作面临的严峻挑战。在警务实践中，如何分配警察资源，对于发挥警察社会管理职能的效益最大化起着至关重要的作用。如果组织中的各个警察能够在实践中有效配合，充分发挥各自的优势，将会大大增加警察资源的使用效率，从而大大提高有限警力管理社会的绩效。拉锯效应体现了相互之间的有效合作是充分发挥警察价值、快速提高警务工作效率的重要前提。今天，执法规范化要求警察在执法时必须是两名警察在场，这就要求两名警察在执法中要分工合作，相互配合，集合两人的智慧对案件展开调查，汇集两人的力量对案发现场进行控制，最终经过充分调查了解和严格适用法律，作出处置决定，保障执法的权威。

在警察个体之间需要倡导合作，在公安机关内部的各部门之间、各警种之间也要强调合作的重要性。在公安情报搜集、重大案件的侦查、突发性事件的应急反应、群体性事件的现场处置等诸多工作中需要公安机关内部的协调、联动与合作。合作能够提高警务资源的使用效率，减小各部门之间的摩擦，提高整个警务工作系统的效率，实现公安机关对违法犯罪的有力打击、对社会治安秩序的有效掌控。北京市公安局专门就地铁治安勤务设立了联动机制，加强了地铁沿线地上地下公安力量的紧密合作，实现了对地铁警情及时有效控制，保障了地铁运营的秩序和安全。

水墨效应

解释：如果在一杯清水中滴入一滴墨的话，得到的就是一杯浑浊的污水；如果在一杯盛满墨的杯子中倒入清水，无论剂量多少，也不会变成清水。在日常生活中，常常会出现这种现象，在不了解事情真相的时候，以讹传讹，谣言纷飞的现象。如同墨溶于水中，使大众对事实真相呈现一种模糊状态。警务工作一定要掌握第一话语权。否则，当事态发展到不可控制的情形时，无论再怎么澄清事实或是开展工作，都会产生一定的负面影响。

应用：控制舆论，掌握话语权是危机事件处置不可忽视的环节。“世界不是这样的，世界是说成这样的”。社会公众要求了解事实真相，是公民权利的合理主张。网络化时代，信息传播速度前所未有。网络是把双刃剑，在给人们传递及时、正确信息的同时，也可能伴随着不准确的消息，乃至谣言的流出，造成受众的误判、错信甚至莫名的恐慌。而且，谣言往往与群体性事件相伴而生，事情一发生，谣言使紧随而至。随着一传十、十传百的传播路径的延伸，谣言往往演变成与事实真相大相径庭。对于谣言，如果有关部门不能及时作出反应，不能及时发出正确的、权威的声音，谣言的流传将愈加深广，后果将更为不可控。

因此，在传统媒体和自媒体竞相发展的时代，英国学者杰斯特教授指出，“越是隐瞒真相越会引来更大的怀疑”，意图封锁信息只会将不明真相然而又渴求真相的公众推向谣言堆砌的假象中，这样公安机关就会在事件的处置中处于相对不利的境地。当危机事件成为公众关注的焦点时，公安机关必须正确地意识到，想隐瞒也隐瞒不了，掩盖甚至作假一旦被曝光，会更加难堪。因此，在处理危机事件时，首先公安机关要以开诚布公的心态、以公开和坦诚的形象、以积极解决问题的态度来与公众进行对话与沟通，在公开环境中、在媒体开放的情形下处理事件，将谣言可能造成的伤害减少到最小。自古以来，但凡流言，都是见光即死的。只要媒体一一报道，很多关于这个事件的谣传就会不攻自破。妥善处置群体性事件最关键的是事件初始阶段。因此，掌握危机苗头、及早化解很重要。

首因效应

首因效应

解释：首因效应是指在社会认知的过程中，最初的印象对人的认知有极其重要的影响。由于首因效应的存在，使得人们对他人的社会认知往往表现出这样的倾向，即当人们刚刚获取了有关他人的少量信息，就力图对他人的另外一些特征进行推理、判断，以期形成有关他人的统一、一致的印象。

应用：公安机关对事件现场的不当及草率处置，会引发群众的不满，这种不满情绪将会推动谣言的滋生和传播，这就为事件的升级埋下了第一个隐患。所以，公安机关应重视对现场的处置，认识到现场处置工作是一项须谨慎对待的工作。在事件发生之前，除当事人外，大多数人都不清楚事件的真相，对现场的处置方式则是当事人和围观群众能感知到的对事件处理的开始，也是对事件了解的开始。任何违反法定处理程序的细节都可能引起围观群众的猜疑，同时也会为谣言的产生留下缝隙。现场信息是第一信息，不论是否真实可靠，都会在接收者那里留下很深的印象，而且接收者往往倾向于凭借第一信息作出推理和判断。特别是某一事件发生在一个充满怨气和不满的地域空间内，随着各种真假混杂信息的扩散，普通的案件开始转化为导火索事件。基层公安机关是最初的直接处理机关，公众对其有很高的期望与要求，所以基层公安机关和现场处置的民警在案件调查、处置的各个环节一定要遵守法定程序。根据公众的反应，公安机关应在危机发生的第一时间，以最快的速度作出反应，在具体情况没有查明之前，可先表明态度和告知公众下一步将采取的措施，降下舆论的高温，塑造负责任的形象。随后，应尽快查明事实真相，向公众发布，对于公众的质疑，在不违反法律、不影响案件侦查的前提下可适当解答，对于不实谣言要及时澄清并予以制止。谨防在官方公布案情前，谣言抢占舆论，形成首因效应。因为，一旦形成对事件认识的第一印象，要转变印象则需要花费很大的力气。所以，在案件处置的过程中，对话语权的掌控也是至关重要的。基层公安机关要对舆论风向具备一定的灵敏度，一发现舆论出现对公安机关不利的倾向，就应及时站出来发布官方声明，牢牢掌握住话语权。

近因效应

解释：与首因效应相反，是指交往中最后一次见面给人留下的印象，这个印象在对方的脑海中也会存留很长时间。无论是好的印象还是坏的印象都会在人们心中存留很长时间，进而影响人们对其的评价和行为。因此，时刻维持一个良好的形象至关重要。

应用：警察作为维护社会治安的主体，要重视自身的形象，维护警察在人民心中的形象和威信。当前，网络的迅速发展，各种传播媒介迅速兴起，警察更要重视自己的形象，在执法活动中要严格按照程序办事，避免作出有损警察队伍的行为。根据近因效应的启示，一个良好的警察形象和一个恶劣的警察形象会在人民心中存留很长时间，尤其是当恶劣的警察形象在人民心中根深蒂固时，尽管做了很多弥补的工作，但仍然不能抹去人们的记忆。因此，对公安机关来讲，要重视警察职业素质的培养，不仅要定期组织警察参加职业教育，提高警务技能和警务素养，而且要制定职业道德规范，建立针对警察行为的监督机制。除了外在的规范和制约，还要倡导警察的自我教育和自我约束。对警察个人来讲，要时刻谨记自身的职责和使命，扮演好执法者、服务者和管理者的多重角色，维护好警察的良好形象，这样不仅有利于警务活动的顺利进行，而且有利于和谐警民关系的建立。

抬枪理论

抬枪理论

解释：柏林墙倒坍之后，东西德统一。德国法庭，对射杀那些试图穿过柏林墙同胞的原东德军人进行了审判。那些行恶的军人，在法庭上为自己开枪射杀同胞的行为，作无罪辩解：我只是奉命行事，因是职责所系。法官质问：难道你无法将枪口抬高一公分？作为警察，不能不执行上级的命令。但是，此时此刻，你有把枪口抬高一公分的义务。瞄准是你的职责，抬枪却是你的良心。

应用：警察在执法中经常会面临法律与道德冲突的境地。面对道德与法律的冲突，警察作为执法者，严格执行法律规定是职责所在，而作为一个人，尊重和珍视生命是基本的道德良知。面对越境的违法者，执行射击是法定的指令动作，主要目的在于恫吓和阻止违法越境者，剥夺其生命并不是法律的本意，那些假借执法名义，对这些对社会没有实质危险性、仅仅是为了追求美好生活的越境者进行射杀，其实已经构成犯罪。面对法律与道德的冲突，抬枪理论为我们提供了一种兼顾法律与道德的折中方式，将枪口往上抬高一公分，给予违法者以警示，也保存了作为人的良心。法律是最低限度的道德，良知高于法律，执法者不能在执法中泯灭良知。

城管执法遭遇法律与道德的冲突。由于沿街摆摊的商贩很多都是贫困阶层，城管执法强行没收他们赖以为生的物品，相当于剥夺了他们生活的权利。所以，城管强势执法往往会激起商贩的抗争，社会对于城管执法的诟病也缘于此。要解决乱摆摊设点等社会管理问题，需要体制机制的完善，执法只是一种补正的方式，不能解决根本的问题。城管执法亦要秉持道德良知，对违反城市管理规定的商贩施予警告、劝离，非必要时不要轻易采取没收物品等粗暴措施。警察也时常面临着同样的困境。作为执法者，警察必须承担起捍卫法律尊严的神圣职责，同时，警察又不仅仅是执法者，更是社会管理者，警察的多重角色决定了警察在执法中不仅要坚决执行法律，与此同时更应做到法、理、情的结合，即在执法中兼顾情与理。依法执法，这是为警的底线，依法执法并能做到对人性的关照，则是为警的最高境界，这也就是抬枪理论内在的深意之所在。

对于家庭纠纷引发的矛盾要尽可能适用调解，对当事人以教育为主，尽量不要实施处罚。在家庭纠纷案件中，警察更多的是充当调停人的角色，要帮助当事人双方找出矛盾的症结所在，积极促进双方的和解，而不是简单地适用法律，出现违法行为迹象就适用相应的处罚。这样草率的办案不仅会影响化解纠纷的质量，甚至还可能引发矛盾升级。所以，警察在处理家庭纠纷案件时，要秉持“以和为贵”的理念，敦促当事人互相谅解，要讲究调解的艺术，而不是简单地适用法律。

在处置暴力事件中，警察使用武力以最小限度为基准，以使犯罪嫌疑人丧失行为能力为限度。处置现场的指挥员要对犯罪嫌疑人的状况进行细致的分析，对于对社会公众的安全造成极大的现实危险，如处于疯狂滥杀无辜群众时，下令击毙犯罪嫌疑人是合乎法律也是必要的；对于危险性较小，对方同意与警察或其他有关方面进行谈判，就证明事情还是有回旋的余地，现场的危险是可控的，那么就没有必要击毙犯罪嫌疑人，而是射击非致命性部位，足以使其丧失行为能力，解除可能发生的危险即可。

适度容忍原则

解释：适度容忍原则是相对于零容忍原则而言的，它们都是警务活动指导原则，但是二者有着本质的不同。“零容忍”指的是如果容忍容易使人产生恐惧感的轻微违法犯罪行为，就会形成一种社会治安失控的混乱现象的氛围。这种氛围是一种犯罪的前兆，如果不及时加以干预，社区居民就会对警察与政府失去信心。而“适度容忍”的提出不是对“零容忍”的否定，因为此原则不是应用于对犯罪的控制，而是适用于社会秩序控制。适度容忍原则本质上是一种“战术妥协”的理念。在现实生活中，刚性执法缺少余地，刚正执法导致相对人的怨言和不满并不鲜见，这往往加剧警民关系的紧张，成为警民矛盾的诱因。其实对于由群众的无心之失或具备一定合理因素而致的轻微违法行为，警察在处置中采取适度容忍，以教育为主，在合法范围内兼顾情理，进行适当的妥协，留予适当的余地，反而能取得更好的效果。

应用：适度容忍是一种警务政策。公安机关和人民警察在执行法律、进行社会管理或维护社会秩序的过程中，根据实际情况，综合考虑社会效益、经济效益和执法成本等诸多因素，对轻微违法行为不一定适用法定的刚性措施，转而采取适度容忍的原则，代之以警告、约束或其他较为柔性的措施，着眼于保护更大的公共利益，以教育为主的警务政策。

早高峰时有一汽车压斑马线违章，警察可以按照法律规定对该违章车辆进行处理，但是如果处理，势必会造成车辆拥堵，影响后续车辆的正常行进，影响整体交通秩序。警察应视情况作出裁量，如违章行为较为严重，对违章司机进行警告即放行；如果违章行为较为轻微，则可适度容忍，为不影响交通秩序给予放行。适度容忍存在一个利益权衡的过程，当轻微违法行为所触犯的利益远远小于警察所应保护的公共秩序等利益时，警察可以容忍轻微违法行为，对其不进行常规的处罚。

《治安管理处罚法》有限制携带管制器具的规定，但是在部分少数民族地区，由于当地的民族有随身佩带腰刀的习惯，所以少数民族常常随身携带刀具，警察应该贯彻国家对少数民族的相关政策，尊重少数民族的民族习惯，除非对公共安全或他人安全构成威胁，否则就可以适度容忍。同样，少数民族的风俗习惯还有很多存在有悖于法的方面，警察在执法中要仔细权衡，只要不影响社会治安大局、不违背大的原则，就可以适度容忍。

导致青少年违法犯罪的因素极其复杂，对问题少年的帮助和教育需要社会、家庭和学校等各个方面共同参与。本着保护未成年人的原则，警察在发现未成年人出现轻微违法犯罪行为时，要区别于成年人犯罪进行特殊对待，以教育挽救为目的而不是强制实施惩罚。适度容忍未成年人的轻微违法行为，采取特殊处理方式，会同未成年人的家庭和学校对其进行教育，帮助未成年人消除恶习，远离违法犯罪。反之，如果警察将未成年人违法犯罪行为进行严肃处理，不仅会加剧未成年人的逆反心理，而且会影响未成年人的改过自新，曾受过警察处罚的记录将对未成年人的成长产生消极的硬性。所以，对于未成年人轻微违法犯罪行为，警察应采取适度容忍，代惩罚以帮助和教育，利大于弊。

沟通漏斗

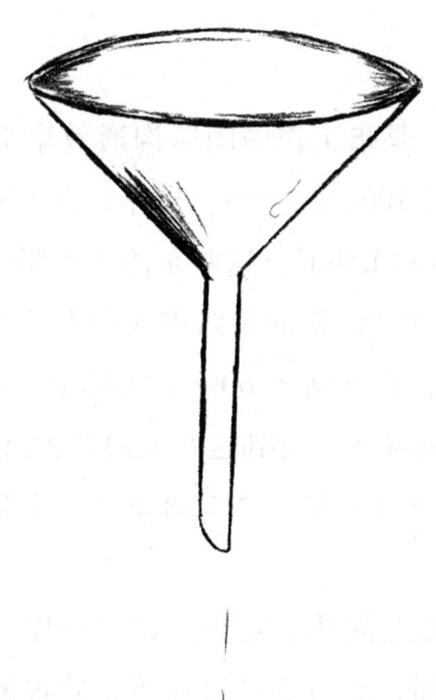

沟通漏斗

解释：沟通漏斗，是指工作中团队沟通效率下降的一种现象，指如果一个人心里想的是100%的东西，当你在众人面前、在开会的场合用语言表达心里100%的东西时，这些东西已经漏掉20%了，你说出来的只剩下80%了。而当这80%的东西进入别人的耳朵时，由于文化水平、知识背景等关系，只存活了60%。实际上，真正被别人理解了、消化了的东西大概只有40%。等到这些人遵照领悟的40%具体行动时，已经变成20%了；一定要掌握一些沟通技巧，争取让这个漏斗漏得越来越少。

应用：警察和群众之间达成有效共识与合作，是社会治安工作的前提，而这来源于沟通，沟通直接影响警察处置案件的执行力。在处置群体性事件的时候，往往在事件最紧急时刻，有的是少数人员作风飘浮，他们不接触、不了解和不关心群众，对群众的合理要求不能及时地解决，对群众的不合理要求乱许诺而失信于民；还有的是个别干部不注意工作方式方法，以权压人、粗暴待人，推诿扯皮、敷衍塞责，以致积怨越来越深、矛盾越来越尖锐，终成“小事拖大、大事拖炸”的局面。这些就是警民沟通中的阻塞物，需要及时清除。

提高同群众沟通的能力，是做好群众工作的前提，也是新形势下公安机关和民警面临的一项重要课题。特别是基层民警在与群众沟通时，更要注意沟通技巧，倾听诉求，找准症结，换位思考，互相理解，平和理性，以防止“沟通漏斗”越漏越少，出现警民沟通不畅的恶性循环现象。促进警民的有效沟通不但有助于公安机关争取从人民群众处得到更多的协助从而提高警务的效率，而且有助于维护秩序、保障公民权利等警务目标的实现。而有效提高警民沟通的效率，不仅需要通过制度上的安排与设置以拓宽警民沟通的渠道，清除警民沟通的制度性障碍，为警民沟通创造便利条件，还需要警察沟通艺术的施展。

警民沟通的前提是群众对警察的信任，而警察要赢得群众信任首先要真诚待民，想民众之所想，急民众之所急，为民办实事、办好事。对于群众所求，职责之内义不容辞，职责之外尽力而为，切实帮助群众解决困难。有效的警民沟通有赖于警察掌握一定的沟通技巧。在警民沟通中，警察要占据主导地位，目的在于从与群众的交谈中获取有用的信息，所以警察要循循善诱，引导对方主动说出警察想要获取的信息，同时要善于察言观色，从对方的情绪、表情等细微变化来调整沟通的进程，在沟通中要顾及对方的感受，进退有度，而不能一味采取“猛攻”。沟通不是逼问，更不是审讯，不能威逼利诱，丑态毕现，这一点在警民沟通中尤其要特别注意。

猫爪

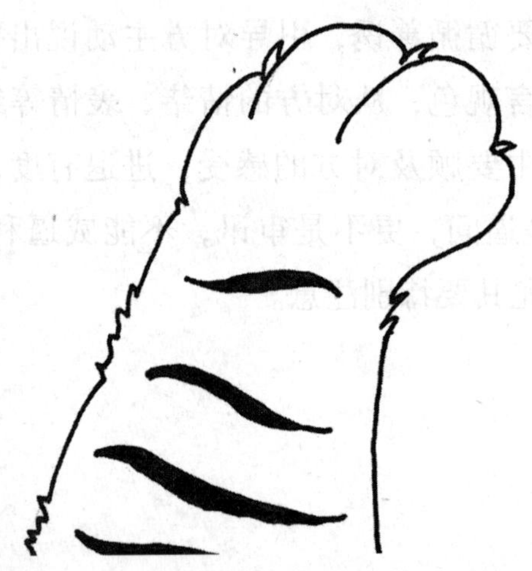

猫爪

解释：猫科类动物都有着刀片般锋利的爪子，其末端有如钩子一般。因此，它们捕猎时都能紧紧抓住猎物。它们的爪子通常都是往里缩着的，这样不会被磨损，可以保持锋利；而当它们捕猎时，爪子则会从那层覆盖着它们的下垂的皮肤中伸出来。与此同时，猫爪外部裹着的是柔软的皮毛和垫子，平时可以防止误划周围的东西，以及行走时保持安静。

应用：猫爪形象地揭示了警察兼具强制性与服务性的特点，与之相似的提法还有“铁拳与棉花套”一说。打击违法犯罪行为之时，警察就像猫露出锋利的爪子一样迅速出击，“一击毙命”，有力打击违法犯罪；而在进行社会管理与提供公共服务时，警察要收敛强制力的锋芒，像猫爪藏于柔软的掌中一样，代强制力以亲和力，牢记“为人民服务”的宗旨，通过热情服务赢得民心，提高公众对警察的认同和支持。

安全阀理论

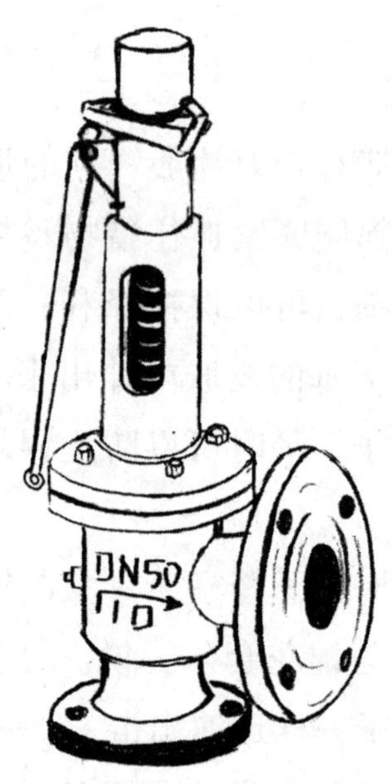

安全阀理论

解释：在社会学研究中，美国冲突论的代表科塞在《社会冲突的功能》一书中，明确提出和阐述了社会安全阀概念。它是指各个社会都存在着这样一类制度或习俗，它作为解决社会冲突的手段，能为社会或群体的成员提供某些正当渠道，将平时蓄积的敌对、不满情绪及个人间的怨恨予以宣泄和消除，以缓解社会敌意的累积。恰若“高压锅”的转动阀，细细地、持续地“散”锅中的热气，故称之为社会安全阀理论。

应用：社会冲突与社会的发展相伴相生，良性的社会冲突是社会发展的动力，而恶性的社会冲突却是社会发展的阻力，以社会越轨行为、轻微违法行为和犯罪行为等形式表现出来，形成对社会秩序的冲击和破坏，造成了社会失序的现象，当社会失序程度突破了社会容忍的限度就会导致社会混乱，从而阻滞社会的发展。恶性的社会冲突是社会负能量积聚而发酵后的结果。学者孙立平以“断裂社会”形象地概括了当今社会的特点——几个时代的成分并存，互相之间缺乏有机的联系，不同社会群体在社会权利上的高度失衡，特别是不同群体在表达和追求自己利益能力上的失衡。越来越多的“仇官”“仇富”等针对特定社会群体的偏见和不满，其实是公众对社会不公平现象的集体不满，而其根源于社会各阶层的界限逐渐固化，阶层流动趋于静止，人们难以通过制度化的渠道突破阶层界限来改变现状。厦门公交爆炸案中的陈水总在争取养老金待遇的过程中多次遭遇碰壁后逐渐累积起对社会的不满，最终采取极端暴力的方式进行宣泄。社会安全阀理论一方面阐明社会本身对社会冲突、社会失序等现象具有一定承受能力，另一方面揭示了利用社会控制的手段压制社会冲突只能缓解一时之急，着力于根源性问题的同时，创设制度化的正当渠道引导社会负能量以危害最小化的方式进行宣泄和排解，释放积聚的社会压力，才是长久之计。

当社会的不满形成的压力突破社会安全阀门释放出来时就表现为以违法犯罪方式表现出的个人抗争、以群体性事件表现出的集体抗争。在发生群体性事件时，不少地方政府往往动辄将公安、武警等暴力机关送往冲突一线，以强制手段压制群众，平息事态，而这种“灭火器”式的做法并未触及事件背后的症结和根源，只是简单地将群众的对立情绪和现实矛盾暂时压制住或搁置起来，最终只会加剧政府同民众之间的对立，后患无穷。对于这些以扰乱社会秩序、危害公共安全等违法，甚至犯罪的方式进行的抗争，公安机关责无旁贷。面对这种情况，公安机关的工作重点在于及时消除违法犯罪行为或事件对公共安全和社会秩序形成的威胁和现实危险；控制现场秩序，防止危机蔓延；同时，要注意“标靶”转移，防止矛盾转移至公安机关，转化成警民冲突。

对于这些人民内部矛盾引发的群体性事件，公安机关在处置上一定要慎重，在处置手段的选择上，要秉持禁止使用致命性武器、慎重使用烟幕弹、高压水枪等强制驱散手段的原则，在现场控制时要尽量保持克制，在控制旧的矛盾激化的同时防止新的矛盾生成，防止事态恶化。特别要注意的是，即使当事方的诉求具有一定的正当性，公安机关也不能动摇自己的立场。维护社会治安秩序、保障公众安全是公安机关的职责，无论其背后的诉求能赢得多大的道德支持或具备多少正当性，只要行为危及公共安全和社会秩序，公安机关就应该进行干预和控制。

纽约引爆点

纽约引爆点

解释：18 世纪的纽约以脏乱差闻名，环境恶劣，同时犯罪猖獗，地铁的情况尤为严重，是罪恶的延伸地，平均每 7 个逃票的人中就有一个通缉犯，每 20 个逃票的人中就有一个携带武器者。1994 年，新任警察局长布拉顿开始治理纽约。他从地铁的车厢开始治理：车厢干净了，站台跟着也变干净了；站台干净了，阶梯也随之整洁了；随后街道也干净了，然后旁边的街道也干净了；后来整个社区干净了；最后整个纽约变了样，变整洁漂亮了。现在纽约是全美国治理最出色的都市之一，这件事也被称为“纽约引爆点”。

应用：纽约引爆点是一项由警察倡导的、从环境治理入手的、预防和减少违法犯罪的行动。脏乱差、环境恶劣的地区，违法犯罪猖獗，环境与犯罪之间存在着一定的联系，为了切断这一联系，纽约市警察局开创性地从环境整治做起，开展减少违法犯罪的尝试，事实证明干净整洁的环境确实能够起到减少违法犯罪的作用。这一治理行动对于我国的治安防控工作具有一定的启发，即治安防控在预防和减少违法犯罪方面可以从整治环境入手。肮脏、阴暗、恶劣的环境对犯罪具有吸引力。因此，通过定期进行环境整治、清除卫生死角、改善偏僻地区的照明条件和卫生状况等措施创造干净、整洁的环境，以清除容易滋生和引发犯罪的死角，从而减少违法犯罪行为。

“顺水推舟”

“顺水推舟”

解释：“顺水推舟”说的是如何用最小的代价，换取最大的回报；当损失不可避免时，尽可能将损失降低到最小。

应用：“顺水推舟”是一种安全防范策略，在日常生活中运用这一策略可以减少损失，达到自我保护的目的。

在家中显眼位置放置些许钱财。胆敢实施入室盗窃的窃贼其目的指向很明确——图财。如果家中财物藏得太隐蔽以致难以取得，窃贼百般折腾搜寻无果之下很可能就会恼羞成怒，根据以往的经验，很多窃贼在这种情况下往往会动手破坏主人家里的物品来宣泄不满。所以，这些放在醒目位置的钱财其实是为窃贼而准备的，提防当家中遭窃时窃贼因未达目的而实施破坏。这就是以较小的代价满足窃贼的目的，防止出现更大损失。

入室盗窃中，被害人直面遭遇窃贼的时候，是选择同窃贼进行搏斗呢？还是畏于声张，任由窃贼实施盗窃？单独与窃贼进行搏斗，可能危及人身安全，而躲在角落任由窃贼为所欲为，在窃贼取得财物后会发生什么事情具有很大的不确定性，主人依旧面临着一定的风险，所以二者都不是明智的做法。遭遇这种情况时首要原则在于保护自己，正确的做法是高声呼喊、动作放慢，高声呼喊的目的主要是要吓跑窃贼，身体动作要慢则在于给盗贼落荒而逃的机会。可能的情况下，可以采取智取制服犯罪分子；但是在实力对比悬殊的情况下，切记不可逞强，与其冒着生命危险与歹徒力搏，不如保全自身，创造机会让犯罪分子脱身，也就是保全自己。同样，在遭遇抢劫等财产犯罪时，洞察犯罪分子侵财的意图，首要在于保护自己，切忌恋财、贪财。当被害人与犯罪分子面对面遭遇时，将财物往远离自己且与自己逃跑路线相反的方位投掷，趁犯罪分子拾取财物之机迅速逃离危险。

空调病

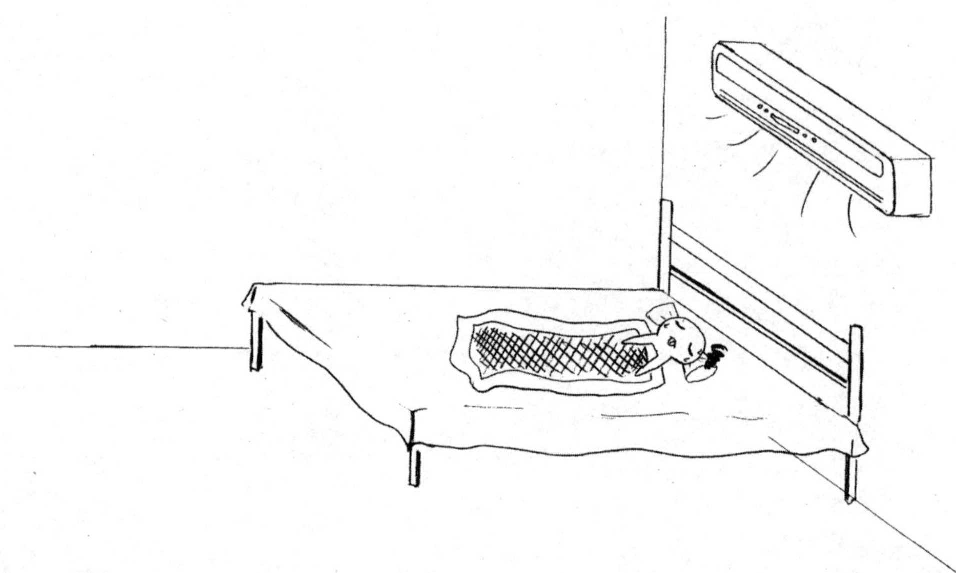

空调病

解释：长时间在空调环境下工作学习的人，因空气不流通，环境得不到改善，会出现鼻塞、头昏、打喷嚏、耳鸣、乏力、记忆力减退等症状，以及一些皮肤过敏的症状，如皮肤发紧发干、易过敏等。同时一旦这类人群处于室外较为恶劣的环境中，由于长时间对空调环境的依赖，自身调节能力相对缺失，突然失去外界优越环境的他们就会表现出极大的不适应，从而严重影响其正常的学习、工作和生活。

应用：在现实生活中，对于一些相对处于弱势的群体，如老人、儿童、孕妇等，警察、保安、家人和朋友等都不可能一直陪伴其左右，总会在一些时间或空间范围内，缺乏保护，为犯罪分子留下可乘之机，人身和财产就可能受到侵害。对弱势群体的保护不能仅仅依靠外界的力量，提高其自我保护的意识和能力更为重要。为了避免过分依赖外界保护而致在面临犯罪侵害时不能形成有效的自我保护这种“空调病”症状，最根本的途径是提高弱势群体的自我保护意识和能力。通过宣传教育让弱势群体知道他们容易遭受哪些犯罪的侵害，这些犯罪实施的一般手段有哪些，针对哪种犯罪要采取哪种措施进行自我保护；通过教授具体的安全防范技巧和应对犯罪的机智做法以提高抵御、躲避犯罪侵害的能力，让他们学会如何在遭受犯罪侵害时进行求救和自救、如何利用手边的工具进行自我保护。

齿轮效应

齿轮效应

解释：齿轮转动是利用两齿轮的轮齿相互啮合传递动力和运动的机械转动。其中齿轮重合度是影响齿轮能否连续转动的重要参数。倘若两个齿轮重合度较差，或者无啮合，就不会发生转动现象。

应用：在警务工作中，将齿轮运转当作犯罪行为的发生，我们可将啮合度看做是犯罪机会。若犯罪机会减少，就会消除犯罪动机，进而减少犯罪行为。预防犯罪行为就是让齿轮不运转，破坏啮合度，对犯罪机会进行控制。张弘教授提出了犯罪三角模式。在犯罪三角模式中，由于犯罪机会属于客观存在的促使犯罪形成的要素，因此具有与其他两个主观要素所不尽相同的特点。犯罪行为的发生，必须同时具备犯罪动机、犯罪能力、犯罪机会三个要素，而犯罪机会是三个要素中最为重要的一环。但犯罪机会作为外在于犯罪行为人的因素，并不以犯罪人的主观意志为转移，犯罪行为人之所以能完成犯罪行为，主要是因为现实中存在着能够实现其犯意的犯罪机会。因为犯罪动机和犯罪能力的主观性，使得在实际的犯罪预防操作中很难对犯罪动机和能力进行有效的控制。那么，对具有客观性的犯罪机会的控制，则具有很强的现实意义。加强被害预防和安全防范措施以增加犯罪实施的难度、增加巡逻和自然监视以增加犯罪被发现的风险，都能够减少犯罪嫌疑人实施犯罪的机会。

“削苹果”原则

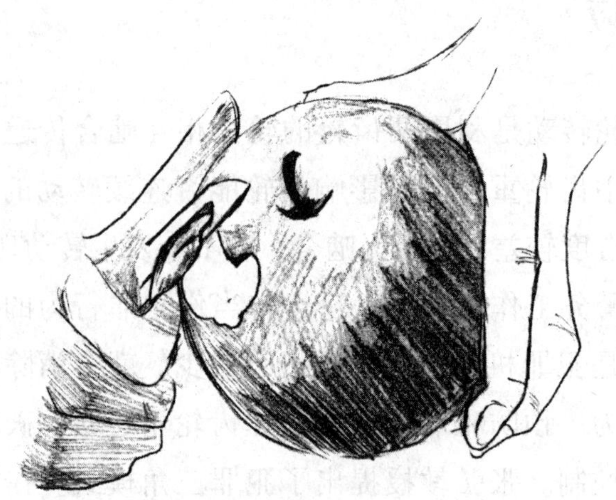

“削苹果”原则

解释：我们吃苹果时，大都会选择削苹果皮。削苹果时，最合理的方法就是绕着圈削，将苹果皮削成一条连续的线，这样既可以削掉果皮，又会减少果肉的浪费。

应用：“削苹果”原则可以用于检查。检查是警察执法中使用最广泛的调查手段，公安机关为了掌握治安管理客体遵守法律的情况，防范和发现违法犯罪行为，警察要对相关场所、人员、物品、证件进行检查、观察、审查、核实等。其中包括治安检查、巡逻等。“削苹果”原则在检查上的应用为：根据检查对象的特点，按照一定的规律，采取适当的方法进行全面的检查。规律性的检查，一方面可以减少检查过程中的遗漏，另一方面可以防止盲目、无章法的检查造成的警力资源的浪费。这一原则可以广泛运用于对公共场所的治安检查、对群众性文化体育活动现场的安全检查、对单位和住宅区安全防范情况的检查、对特种行业是否履行治安义务的检查、对机动车辆的检查，以及对危险物品的各个环节的安全检查等。

以公安机关检查废旧物品收购行业为例。公安机关对于废旧物品收购行业的管理最好能采取集中管理的方式，将从业单位集中到特定区域；采取“一条龙”检查方式，即废旧物品来源、形态、去向等基本信息登记情况的检查，发现异常情况及时介入调查；在检查时间上采取定期检查为主，不定期检查为辅的原则，检查方式和检查时间上形成互补，尽量消除检查遗漏。通过对废旧物品行业的检查管理防止“黑市”交易、及早发现赃款赃物、发现违法犯罪、收集犯罪证据，形成以赃物为基点的犯罪侦查链。

平庸的恶

平庸的恶

解释："平庸的恶"是由德国20世纪最伟大、最具原创性的思想家、政治理论家之一的阿伦特提出的。在阿伦特看来，在我们现代生活中广泛存在着这种"平庸的恶"。这种恶是不思考，不思考人，不思考社会。恶是平庸的，因为你我常人，都可能堕入其中。

鲁迅所写的《再论雷峰塔的倒掉》一文，一个有着千百年历史背景、西湖十景之一的文物建筑——雷峰塔，因为老百姓们传说此塔的砖块搬回家可以"辟邪"，于是纷纷偷挖雷峰塔的砖头，你一块，我一块，纷纷搬回家，按人民群众的说法是：我就搬一块砖头，不算犯法啊。于是，最终，雷峰塔在这样"集体无意识犯罪"的行为下，轰然倒塌，尸骨无存！

应用：法学家朱苏力在《制度是如何形成的》一书中有这么一段表述："绝大多数人都是不带贬义的机会主义者。他们在某些社会环境下的行为似乎符合某些道德原则或信条，但这并不意味着这一刻他们道德水准高，或是他们头脑中有什么坚定的道德信念或准则，而仅仅因为这种行为方式对他们的生存更为有利、有效，与他们养成的习惯更为协调和便当。"绝大多数人是认同道德的，然而"平庸的恶"依然在社会中普遍存在，这说明存在"平庸的恶"与社会道德水平没有直接必然的因果关系。为此，当"平庸的恶"不断侵蚀社会良知时，我们应该从制度上去寻找原因、寻求解决之道，而不是拘泥于对人性的追问。“平庸的恶”直接表现为轻微的、悖德但不构成犯罪的行为。治安控制正是对这些“平庸的恶”的规制。

“小悦悦事件”中，十多个路人熟视无睹地从旁路过却没有一个人愿意伸出援手，很多人为此感慨世态炎凉、人情冷漠，而事后在对这些路人的匿名采访中，很多人表示，之所以他们没有进行救助，是因为一方面他们觉得会有人去救那个小女孩，另一方面是他们害怕为此惹祸上身，以南京彭宇案为前车之鉴。“平庸的恶”告诉了世人，道德规范作为一种非正式的制度所发挥的作用是有限的；道德教育应当坚持，但不能指望太高。为此，更为现实可行的做法是倡导法治，以法律弥补传统道德制裁机制的不足。新加坡以推行“严刑峻法”而著称，乱扔垃圾、在街道上乱涂乱画等“平庸的恶”不仅要承受巨额罚款，严重的还要处以鞭刑。在严厉的制度化约束下，习惯逐渐养成。将“平庸的恶”纳入法律管辖的范围内，纳入制度的规制之中，这是新加坡实现良好社会治安的秘诀。

制度的作用在于规范和引导人的行为，而内在养成的实现最终还得决于人的理性自觉。所以，社会教化不可废弃。公安机关在社会教化方面承担的职责在于法制教育，通过对犯罪的个案打击和落实常态化的警务管理工作来进行法制宣传教育，而这一点往往没有得到基层公安机关应有的重视，甚至被忽视。公安机关对犯罪行为人的法律教育应该与惩罚同步进行，对一般人的管理也要注重法制宣传教育，提高公众的法治意识。维护社会治安秩序，既需要民间法——道德准则、乡规民约、风土人情等非正式社会规范，又需要法律、法规等正式社会规范。用完整的规范体系来约束和控制比犯罪更为普遍的“平庸的恶”，才能从根本上实现和谐稳定的社会治安秩序。

标签论

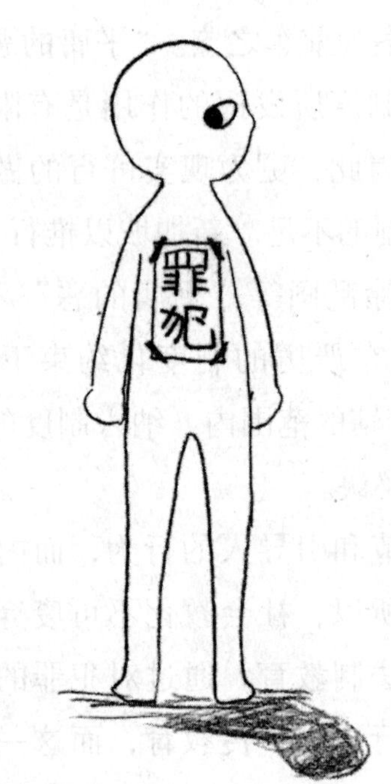

标签论

解释："标签论"（Labeling Theory）又称"烙印化论"，是当代西方资产阶级犯罪学流派中研究犯罪原因的社会心理学理论。它产生于20世纪30年代后期，主要代表人物有美国的坦南鲍姆（Frank Tannenbaum）、贝克尔（H. S. Becker）、克雷西（D. R. Cressey）和莱莫特（E. M. Lemert）等人。这个概念最早是于1938年由坦南鲍姆在其著作《犯罪与社区》（*Crime and the Community*）中提出来的。虽然这种理论有一定阶级的、历史的局限性，但它对犯罪现象的解释也有一定的科学性和合理性，值得我们研究和借鉴。

应用：标签论认为，个体演变为罪犯的主要原因是由于社会给其贴上了"越轨者"的标签，社会按照一定标准将某些行为规定为犯罪，因而产生了罪犯，而并非罪犯个体原因所致。标签论运用形象互动论的原理，认为犯罪是社会反应与行为人形成自我形象之间相互作用的结果。标签论认为犯罪是相对的，阐明了贴标签与法定犯罪定义产生之间的因果联系、与犯罪行为之间的因果联系，为犯罪学的研究特别是犯罪原因的研究提供了新思路。但标签理论有其局限性，其主观唯心色彩浓重，对标签化的后果解释简单化，对社会反应的揭示不全面，片面强调了犯罪因素中外部条件的作用，否定了犯罪行为与行为人之间的内在联系。

公安机关在实行人口管理时有一套内部的用语体系，这套体系应严格限制在公安机关内部使用；同时在划分工作对象时也应采取严格谨慎的原则，不可先入为主、盲目定性，以免产生贴标签的负面效应。

皮格马力翁效应

解释：皮格马利翁是古希腊神话中的塞浦路斯国王。相传，他性情孤僻，一人独居，擅长雕刻。他用象牙雕刻了一座表现他理想中的女性的美女像，并取名叫加勒提亚。他和雕像久久依伴，把全部热情和希望放在自己雕刻的少女雕像身上，加勒提亚被他的爱感动，从架子上走下来，变成了真人。皮格马利翁娶她为妻。后来，心理学家罗森塔尔和雅各布森称之为“皮格马利翁效应”。

赞美、信任和期待具有一种能量，它能改变人的行为，当一个人获得另一个人的信任、赞美时，他便感觉获得了社会支持，从而增强了自我价值，变得自信、自尊，获得一种积极向上的动力，并尽力达到对方的期待，以避免对方失望，从而维持这种社会支持的连续性。

应用：皮格马力翁效应针对青少年违法犯罪问题的预防有一定的借鉴作用。青少年越轨行为和犯罪行为很大程度上与个人的家庭环境不好、学校表现不良有关，但传统的针对青少年违法犯罪采取主要以惩罚为主的处理方式，并不能从根本上解决青少年违法犯罪的问题。针对青少年好胜心强，同时判断能力、分析能力较差的特点，当他们在生活和学习上遇到的各种困难，家庭、学校乃至社会应及时介入，进行积极有效的沟通和引导，以鼓励引导的方式，增强青少年对自我价值的认识，通过帮助青少年树立正确的目标，激励青少年勤奋学习、努力工作。社会各个方面要为青少年创造健康的成长环境，还要给予青少年应有的关怀和保护，使其免受犯罪诱惑和侵扰。

雄鹰法则

雄鹰法则

解释：雄鹰法则形象地描述出了“控制”的本质。雄鹰经常出现在草原之上，是草原的守护神之一。平时翱翔于高空，距离地面很远，且飞行姿势优雅，给人以君临天下的气质与安心的感觉；觅食时以高速冲向猎物，利用速度与利爪迅速捕食鼠蛇等动物，接着继续回归高空，不影响草原的正常秩序。雄鹰在高空盘旋的状态是“控制”的英文含义的诠释，是“have power over”中“over”一词的形象表述。

应用：警察是国家实施社会控制的工具。控制的英语“control”是不及物动词，连接宾语所使用的介词是“over”，这揭示出了控制的精要，一方面要凌驾于被控制对象之上，另一方面要与被控制对象之间保持一定的距离，这种距离应达到如雄鹰翱翔于天宇，俯瞰草原，而草原上万物浑然不觉的程度。警察的社会控制所要实现的也就是这样一种局面：社会生活的每一处都有必要的控制，但是人们对此浑然不觉，然而一出现警情，警察就能快速反应和有力处置，迅速恢复社会治安。警察的日常巡逻与勤务也应像雄鹰一般，平时不张扬，有专属的巡逻路线，尽量不影响社会生活的正常秩序，但要像雄鹰抓住制空权一样牢牢锁定社会秩序的关键之处，对违法犯罪高发、易发路段和节点实施重点巡视和控制。当出现警情时迅速出击、果断处理，迅速恢复治安秩序。

理性选择理论

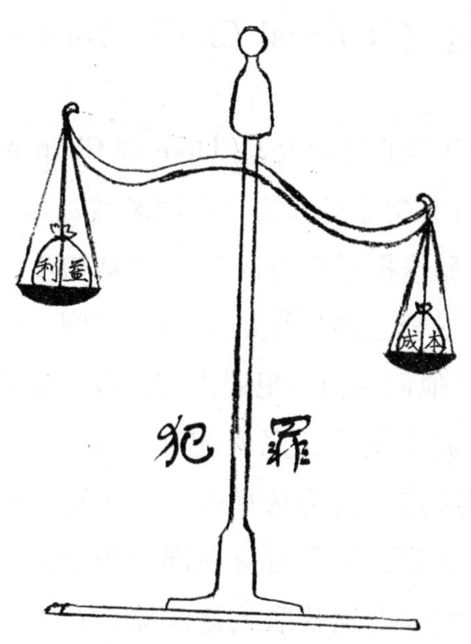

理性选择理论（Rational Choice Theory）

解释：在犯罪经济学的基础上，Clarke 和 Clornish 等提出了理性选择理论。“犯罪人通过其犯罪行为为自己谋利益；这涉及进行决策和选择，不过，这些决策和选择过程有时候可能是初步的；这些过程表现了人们的一些理性，尽管这种理性的表现受时间、能力，以及所获得的有关信息的限制”。他们认为，犯罪决定，以及影响犯罪人作出犯罪决定的因素，都会因犯罪场景，以及犯罪行为的不同而不同。因此，在分析犯罪者的犯罪决定与行为选择时，要对犯罪行为进行细致的分类；根据不同的犯罪场景，区别对待不同的犯罪决定。该理论认为个体行动者总是依据最大限度地获取效益的原则在不同的行动或事物之间进行有目的的选择，并对社会规范、法人行动等作了深入分析。

Clarke 和 Clornish 甚至以夜盗犯罪者的犯罪决策过程为模型来分析犯罪者在决策过程中所受到的影响因素。一个理性的犯罪者在决定是否实行夜盗犯罪的决策过程中，受到一系列因素的影响：（1）背景因素，包括犯罪者的心理因素、教养因素、社会和人口统计学因素；（2）以前的经历和学习因素；（3）一般需要，包括金钱、性、友谊、地位和寻求刺激等方面；（4）已知解决需要的方法，包括合法和非法的解决方法；（5）对解决方法的评价；（6）对机会事件的反应，包括犯罪机会的易得性，金钱需要的紧迫性，朋友的劝告，醉酒等；（7）对犯罪的准备程度。

应用：理性选择理论细致分析了影响犯罪者进行犯罪决策的一系

列因素，当犯罪的利益条件超过其成本时、犯罪的刺激超过其风险时，犯罪者可能就会在“犯罪理性”的指导下实施犯罪。所以，预防和控制犯罪，就是要通过改造客观条件以提高犯罪成本、提高犯罪风险、减少犯罪刺激、减少犯罪收益等，进而影响犯罪人的主观上的犯罪决策过程。对于潜在被害人来说，提高自我保护意识和安全防范技能，减少财物等目标物的暴露程度以减少对犯罪的吸引力；对于以公安机关为主体的预防和控制犯罪的力量来说，落实安全防范措施，如安置视频监控和报警设施；严密巡逻制度，提高对犯罪的反应能力，增加犯罪被发现的可能性，如组建治安义务巡逻队、督促保安公司落实社区巡逻、增加警力巡逻等。而对于潜在犯罪者，公安机关的基础工作在于落实人口管理，一方面落实对重点人口的管教措施，另一方面要及时发现管理对象的异动，及早防范。

公安机关还可以在侦查过程中利用理性选择理论。在分析犯罪现场时，关注哪些现场条件有利于犯罪者实施犯罪，从而得出犯罪者出入犯罪现场的路线和可能的潜逃去向；在分析犯罪动机时，从犯罪目标的特点和犯罪实施方式得出犯罪者是受哪些因素刺激而产生犯意。利用理性选择理论进行侦查的基本思路是从犯罪现场和证据推断犯罪者犯罪决策的过程，以犯罪人的思维推进侦查工作。

“搭便车”效应

“搭便车”效应

解释：“搭便车”效应，是美国经济学家曼瑟尔·奥尔森在二十世纪60年代提出的。他在其专著《集体行动的逻辑》一书中指出：集团的利益属于所有的人，集团越大，成员的心理就越会趋向于坐享其成，即不支付公共品总成本中应分担的份额，而分享公共品带来的收益。

应用：安全是政府提供的公共产品，但政府的安全供给与公众的安全需求之间存在着巨大的缺口。所以，安全不能仅仅依赖于政府的供给。即使出现了市场化的安全公司，它们提供的安全产品能够满足私人化的安全需求，但是毕竟覆盖有限，对于大多数单位和个人来说，有安全需求却又不愿承担相应的成本或者义务，只指望政府来提供安全保障，坐享其成，这就是“搭便车”心理。在维护社会治安的过程中要克服“搭便车”心理可行的做法是从建立外部约束和监督机制引导每个人履行安全义务和落实安全责任。在实践中，公安机关采取的用于激发单位和个人的治安积极性、落实治安责任的做法有：武汉市在新城区尚未组建其基层自治组织的区域，实行“治安中心户长制”，由公安机关指定户长、为户长发放一定的补贴，户长的责任在于协助公安机关对指定区域进行治安管理，将责任落实到户长身上，由户长来具体实施管理。公安机关发动社区居民参与社区治安工作，组建治安联防队，为治安志愿者佩戴红袖标、胸牌，这些标志不仅是用于向其他人表明治安志愿者的身份，而且也是对本人的一种自我暗示，督促其承担其治安责任。

提前滴注法

解释：被重物掩埋重压的人，肢体被挤压超过 24 小时后开始出现肌肉坏死。一旦移开重物，坏死肌肉会释放大量的肌红素、蛋白、钾等电解质，迅速引起心肾衰竭而死，这就是很多被救人员在被挤压中还能说话，而救出几分钟后死亡的原因。因此，在移开重物前就要为伤者滴注生理盐水，让伤者进行有效代谢，把血液中这些东西排出后再移开重物，否则一旦移开重物，死亡概率很高。

应用：提前滴注法的启示有二：其一，手段是服务于目的的。救助伤者的目的在于保护伤者的生命安全，排除险情只是手段。治理犯罪的目的在于维护治安秩序，为人的生存和发展创造安全有序的环境，而打击违法犯罪只是治理犯罪的一种手段。同样，处罚的目的是为了惩戒，最终还是落脚于维护治安秩序。以家庭暴力为例，处罚施暴者在于警示其行为的违法性，使其停止暴力行为，恢复家庭内部和谐的秩序。对于家暴案件，警察的处置仅仅只是治理家庭暴力的一个环节，对受害者的心理干预、对施暴者的教育和监督、努力促进家庭成员的和解等后续工作对于消除家庭暴力更为重要。当然如果家庭暴力已然十分严重，有必要解除夫妻关系或监护关系，则对受害人的关注和保护也需要同步跟进，如为受害儿童指定监护人。其二，解决问题要具备全局性的眼光。解决问题不能过于短视，而要看到这一问题解决之后可能引发的次生效应。群体性事件的反弹很多时候都是缺乏全局性的眼光，只顾维护当下的稳定，而不注意措施可能引发的后果。

日常活动理论

解释：日常活动理论，是由犯罪学家劳伦斯·科汉（Lawrence Cohen）和马尔克斯·费尔森（Marcus Felson）在其论文《社会变化与犯罪率趋势——以日常活动为视角》一文中最早提出来的。他们认为，犯罪行为的发生，与日常活动中的某些因素密切相关，人们的一些日常生活方式，往往有利于犯罪的发生。这些因素包括：（1）适合的犯罪目标；（2）缺乏有能力的监控者；（3）可能的犯罪者。该理论认为，罪案的发生与现代人生活模式的变化有关。例如，现代社会夫妻双方都要工作，住宅无人看管的时间比较长，使之容易成为盗窃的对象。这是一个社会转型带来的诱发犯罪的结构性问题。还指出了，由于科技发达和技术转型，便携式的昂贵的电子产品越来越多，这些电子产品容易成为犯罪分子的目标，使盗窃案、抢劫案发生的概率大大提高。基于此，马尔克斯·费尔森和罗纳德·克拉克（Ronald Clarke）提出了一个“VIVA”模式，指出物品容易被盗的4个要件：高价值（value）、轻便的（inertia）、看得见的（visibility）、可接近的（accessibility）。克拉克后来进一步提出“CRAVED”，即可掩饰的（concealable）、可移动的（removable）、容易得手的（available）、有价值的（valuable）、可享受的（enjoyable）、可处理的（disposable）。

应用：日常活动理论解释了人们的日常生活与犯罪之间的关系，进而为犯罪被害预防提供了思路。为了预防和减少遭受犯罪的侵害，人们在日常生活中应养成这样一种生活习惯，即降低自身容易诱发犯罪侵害或成为犯罪目标的因素，将生活方式和生活习惯中的易受犯罪侵害的薄弱点降到最低，也就是要形成一种不利于犯罪的生活模式。例如，针对侵财犯罪应形成的生活方式，如将容易被盗或被侵害的财物放在不易被发现的地方，出门时不要携带过多的现金、倡导非现金消费方式；针对性骚扰、强奸犯罪，女性应注意穿着上的讲究，减少衣着暴露，夜间尽量减少单独出行或孤身一人走夜路，单身女性家中阳台上悬挂男性衣物或在门口放置男性鞋子。

CPTED 理论

解释：受到空间防卫论和破窗理论的启发，C. Ray Jeffery1971 年出版的《通过环境设计预防犯罪》一书，提出了应当重视事前通过犯罪设计预防犯罪，从而提出了“通过环境设计预防犯罪”的理论。根据 Jeffery 的观点，犯罪预防应该考虑犯罪发生的环境和犯罪人之间互动的特性。因此，妥善的都市环境设计和规划，可以消弭人际之间的隔阂、隐匿，增加人际之间的互动，减少违法犯罪行为的发生。至于环境规划的设计，包括两个方面：（1）改善都市的物理环境，如肮脏、拥挤、破旧、颓废的建筑物等；（2）以环境设计强化人与人之间的沟通及关系，减少人们之间的疏远感。

应用：该理论在社区警务中，特别是社区环境规划的设计上有较强的指导意义。在社区环境设计上要坚持把握两个方面：一方面在于改善社区的物理环境。在社区环境规划设计上可以采取的 CPTED 技术有：（1）增加监控以降低犯罪风险，便于辨识和抓捕，可以采取的技术包括：改善街灯照明，使用电子监控设备，在易发犯罪区域增加安全警卫，组建守望相助团体等。（2）采取必要的措施限制潜在犯罪嫌疑人顺利通过某一区域，通过社区规划与管理进行一定程度的行动管制，如通过宣传和动员增强居民的领域观念，减少出入口数量，围栏、墙体等象征性障碍物的设置，在社区中死巷和封闭道路的设置等。（3）通过各种形式动员居民支持和参与犯罪预防活动，通过设置健身、娱乐等活动中心吸引居民到犯罪高发区域或偏僻区域活动，增加该区域的监控力，以对犯罪形成一定的威慑。（4）通过改善警民关系、居民参与社区警务工作等方式强化居民参与社区安全防范、服务社区的意愿。（5）在管理上，对社区硬件设施的定期维护修理，定期进行环境整治，保持社区干净整洁的形象；改善安全管理制度、增加安全保卫力量，将社区置于有效的安全管理之下。另一方面在于以环境设计强化人与人之间的沟通及关系，减少人们之间的疏远感，如通过环形住宅布局增加居民见面的频次，增加居民相互之间的熟悉度，同时，形成对中心区域的自然监视；建立多种多样的社区居民活动中心和场所，举办各种活动，以兴趣爱好为纽带增加居民之间的沟通交流，拉近居民之间的距离，减少人们之间的陌生感。

围门理论

围门理论

解释：围门理论是基于史蒂文·拉布的犯罪预防理论中的第一层预防方式，即环境设计方面内容。这里将围门理论具体解释为在一片住所的周围设置围墙（或栅栏）并尽量减少门（出入口）的数量，加强对出入口的控制有利于提高犯罪的难度，从而起到减少犯罪的作用。

应用：围门理论是控制犯罪人进入预定犯罪场域的措施，总体原则是利用障碍物进行区域隔绝，形成对特定区域的保护；同时减少出入口的数量，以集中安全防范力量进行重点控制。在社区边界设置围墙，将社区领域与外部空间隔绝起来，以利于空间控制。敞开的社区无法对出入社区的人员进行控制，随意出入为犯罪入侵社区提供了便利。有限的出入口既有利于社区保卫人员对出入社区的人员进行检查和监视，又有利于在发生犯罪时迅速切断犯罪嫌疑人的潜逃路线，进行围追堵截，抓捕犯罪嫌疑人。

修路原则

修路原则

解释：通常认为，如果一个人在同一个地方摔两次跤，他会被人们笑为“笨蛋”，如果两个人在同一个地方各摔一跤，他们会被人笑为两个“笨蛋”。按照“修路原则”，人们正确的反应应该是：是谁修了一条让人这么容易摔跤的路？如何修正这条路，才不至于再让人在这里摔跤？如果有人出错，可能是个人的原因；如果有人在同一地方重复出错，那肯定是路有问题。

为什么问题重复发生就是没人来解决呢？这一现象实质上需解决的问题是人的思维方式，即“修路原则”。

如果你发现有人工作偷懒，不一定是人的本质是惰性的，很可能是因为现行的规则即“路”能给他人偷懒的机会；

如果你发现有人不求上进，不一定是他不思进取，很可能是因为现行的激励措施还不够得力；

如果你发现一个人经常加班到很晚，不一定是他具有为公司奉献的精神，很可能是因为他自己的工作方法不得当甚至故意赚取加班费；

如果你发现一个公司经常出现扯皮现象，不一定是大家都喜欢推卸责任，还很可能是因为“路”上职责划分得不够细致明确。

邓小平同志有一句名言：好的制度能让坏人干不了坏事，不好的制度能让好人变坏。

作为管理者，最重要的工作不是“管”——惩罚犯错的下属并要求他不要重犯错误，而是修“路”。

世界上没有完美的制度，也没有完美的管理，任何一家先进的公司管理中都会存在问题。

应用：李斯特有言“最好的社会政策就是最好的刑事政策”，一项好的社会政策能够对轻微违法行为起到有效的抑制作用，这是社会治安防控的制度基础。所以，构建社会治安防控体系不能仅仅依靠被动的打击，还应该注重事先治安防控，从制度层面为社会的良性运行创设条件，营造和谐稳定的制度基础和社会环境，从而将不稳定因素控制在社会所能容忍的限度内，使民众在法律的框架内全面而自由的发展。同时，对于高发犯罪，在打击犯罪的同时，政府有必要反思自身在政策制定、操作和落实过程中是否在一定程度上为犯罪创造了机会，并作出相应的变动和调整。

橘枳现象

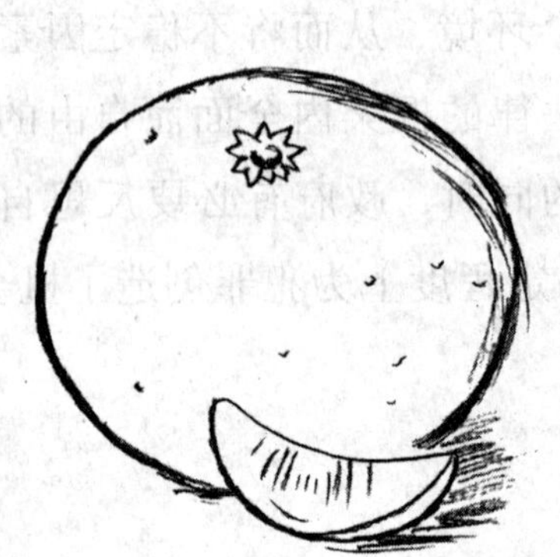
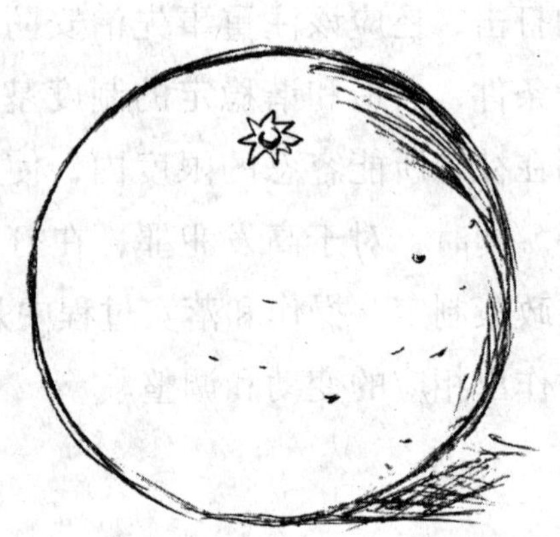

橘枳现象

解释：《晏子春秋·杂下之十》："婴闻之：橘生淮南则为橘，生于淮北则为枳，叶徒相似，其实味不同。所以然者何？水土异也。"淮南的橘树，移植到淮北就变为枳树。比喻环境变了，事物的性质也变了。《三字经》中也有："人之初，性本善。性相近，习相远。苟不教，性乃迁。"意思是人生来本无善恶之分，之所以出现善恶之分，主要是后天环境造成的。

应用：犯罪学理论研究表明，影响犯罪的因素包括：个人因素和社会因素，最终导致违法犯罪的是这两大类因素在犯罪人身上个性化组合的结果。个性因素除了受到先天性因素的影响外，更多的是人的社会化过程中各种致罪因素作用于个人而形成的。因此，社会环境对人的意识和行为的影响至关重要。所以，预防违法犯罪要从家庭、社区、学校等社会化场所入手，净化社会环境，铲除违法犯罪产生的社会土壤，从根源上抑制犯罪文化的滋生和传播。

习得性无助实验

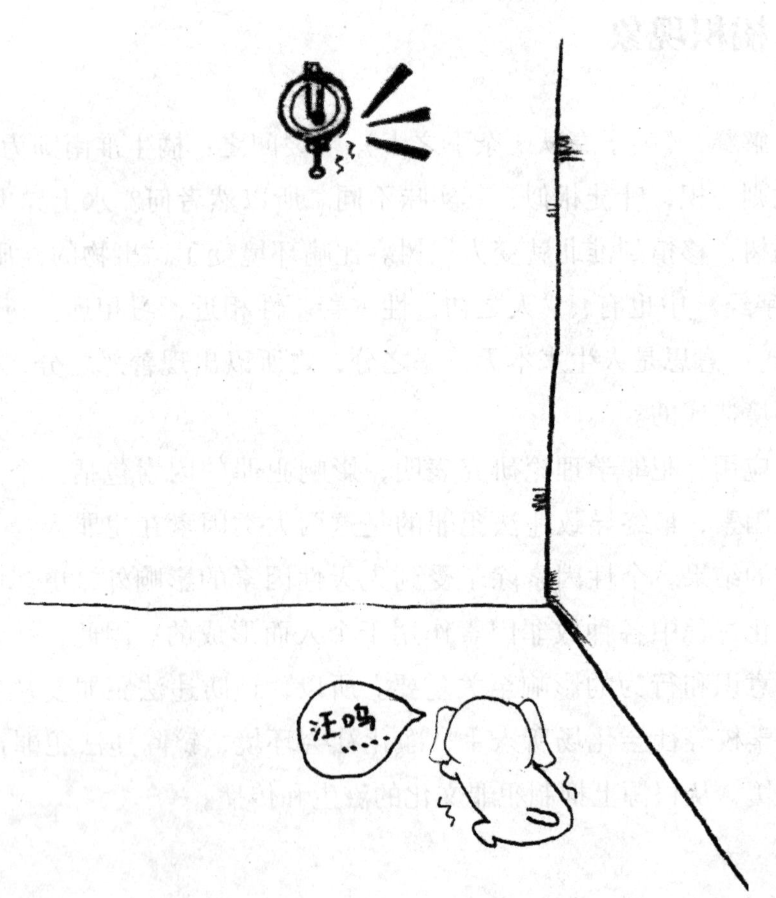

习得性无助实验

解释：习得性无助最早由奥弗米尔和西里格曼发现，后来在动物和人类研究中被广泛探讨。简单地说，很多实验表明，经过训练，狗可以越过屏障或从事其他的行为来逃避实验者加于它的电击。但是，如果狗以前受到不可预期（不知道什么时候到来）且不可控制的电击（如电击的中断与否不依赖于狗的行为），那么，当狗后来有机会逃离电击时，它们也会变得无力逃离。而且，狗还表现出其他方面的缺陷，如感到沮丧和压抑、主动性降低等。狗之所以表现出这种状况，是由于在实验的早期学到了一种无助感。也就是说，它们认识到自己无论做什么都不能控制电击的终止。在每次实验中，电击终止都是在实验者掌控之下的，而狗会认识到自己没有能力改变这种外界的控制，从而学到了一种无助感。

应用：青少年犯罪很多情况下是习得性无助的结果，这种习得性无助源于反复遭受伤害却无力改变现状，如因长期遭受家庭暴力而形成一种不安全感，渴望改善状态但又无力改变而产生无助感；由于学习成绩差等原因，受到老师家长的冷遇和责骂，尝试付出努力却可能仍然改变不了自己窘迫的处境，因此产生了习得性无助。当受伤害的青少年感觉到任何努力都无济于事，产生自暴自弃的心理的时候，他的心理是最脆弱的，特别容易受到不良诱惑的影响，产生违法犯罪的倾向，在缺乏有效管束的情况下，极易实施违法犯罪。

习得性无助这就启示我们在青少年成长过程中，应该是家庭、学校和社会共同努力，关注个体青少年的成长与发展，营造良好的社会大环境，避免青少年产生习得性的无助感，要用适当的方式激励他们，保障他们的健康成长，尤其应当关注留守儿童、农民工子女等弱势儿童群体。

事故金字塔

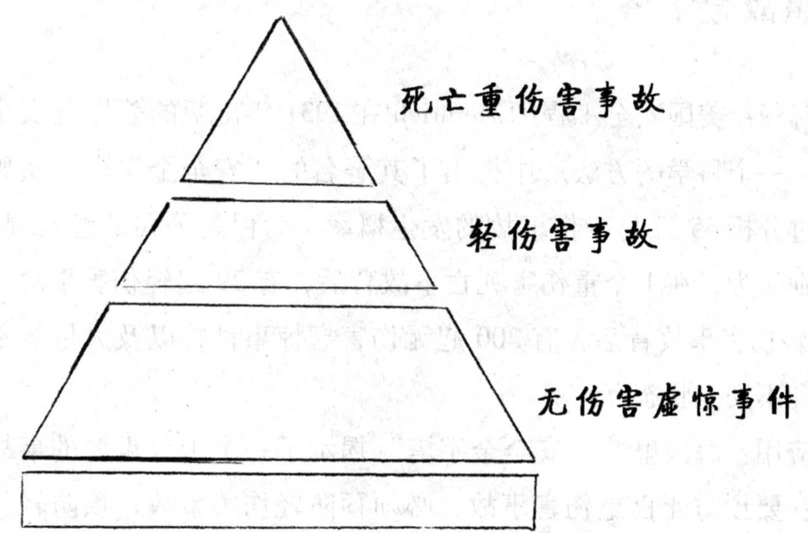

事故金字塔

解释：美国安全工程师 Heinrich 在 1931 年出版的著作《安全事故预防：一个科学的方法》中提出了其著名的“安全金字塔”法则，它是通过分析 55 万起工伤事故的发生概率，为保险公司的经营提出的。该法则认为，在 1 个重伤害死亡事故背后，有 29 起轻伤害事故。而这 29 起轻伤害事故背后，有 300 起无伤害虚惊事件，以及大量的不安全行为和不安全状态存在。

应用：海因里希“安全金字塔”揭示了一个十分重要的事故预防原理：要预防死亡重伤害事故，必须预防轻伤害事故；预防轻伤害事故，必须预防无伤害虚惊事故；预防无伤害虚惊事故，必须消除日常不安全行为和不安全状态；而能否消除日常不安全行为和不安全状态，则取决于日常管理是否到位，也就是我们常说的细节管理，这是作为预防死亡重伤害事故最重要的基础工作。

古语有云，“千里之堤溃于蚁穴”，与海因里希的“安全金字塔”不谋而合，都说明了安全事故往往肇始于细微处的疏忽和失误。防范安全事故的发生最根本的就在于从细节管理入手，及时清查和消除可能引发事故的隐患，在生产过程中任何一个环节都落实好常规的安全管理，一旦发现不安全的状态和不安全的行为，就及时进行清除，避免不安全状态和不安全行为逐步恶化成安全事故，造成严重的损失。

在旅馆、娱乐场所、酒店等公共场所发生安全事故往往会危害公共安全，所以对这些公共场所的安全检查纳入了公安机关的日常管理范围。防范安全事故首先单位主体必须做好各项安全防范工作，公安机关的职责在于检查相关责任单位落实安全防范措施的情况和督促其加紧落实安全防范措施，消除安全隐患。很多单位为了节约经营成本，或者在建设和安装安全设备设施时偷工减料，或者纯粹将这些设备当作一种摆设，没有实际投入使用，或者为了追求装修效果形成了诸多安全隐患，即使企业发生存在不安全的状态和不安全的行为，也常常因为心存侥幸、麻痹大意而忽视了“安全金字塔”所揭示的道理，即任何一个安全防范细节上的疏失都是造成灾难性后果的基本成因。针对这种情况，公安机关在对这类单位进行安全检查时，要及时指出单位在安全防范方面存在的问题，并限期整改，若存在屡教不改或者问题较为严重时，可以责令其停产停业，直至消除安全隐患，达到安全标准。

“烂苹果”定律

“烂苹果”定律

解释：果箱里的烂苹果，如果你不及时处理，它会迅速传染，把果箱里其他苹果也弄烂，“烂苹果”的可怕之处在于它那惊人的破坏力。一个正直能干的人进入一个混乱的部门可能会被吞没，而一个人无德无才者主导一方，很可能将一个高效的部门变成一盘散沙。组织系统往往是脆弱的，是建立在相互理解、妥协和容忍的基础上的，它很容易被侵害、被毒化。破坏者能力非凡的另一个重要原因在于，破坏总比建设容易。一个能工巧匠花费时日精心制作的陶瓷器，一头驴子一秒钟就能将它毁坏掉。拥有再多的能工巧匠，也不会有多少像样的工作成果。如果你的组织里有这样一头驴子，你应该马上把它清除掉；如果你无力这样做，你就应该把它拴起来。

应用：这个理论可以指导犯罪预防的实践，任何对犯罪预防的讨论不能不考虑到刑罚的威慑作用。犯罪预防是尽力在其发生之前防止或减少越轨行为的发生。因此，对于犯罪的威慑就显得特别重要，威慑是犯罪预防的一种主要形式，同时也是刑事司法的基础。通过对敢冒天下之大不韪者的惩戒，可以对其他的潜在罪犯形成威慑，达到预防犯罪的目的。在中国传统文化中“杀一儆百”“杀鸡给猴看”“一颗老鼠屎坏了一锅粥”等成语和谚语讲的也是刑罚威慑对于预防犯罪的作用。

此外，这个理论对于公安机关的内部管理也有一定的启发。公安机关本身是一个管理组织，和其他组织一样，内部也潜伏着不少“南郭先生”。为了提高公安机关的执法效率和行政效率，提高公安机关的服务质量，要及时清除队伍中的“害群之马”。对于公安机关而言，要制定警察考核机制和监督机制，拓宽公众投诉、执法反馈的渠道；对于警察管理者而言，要对下属警员进行考察，及时发现警员中慵懒懈怠的分子，进行及时有效的规劝和督促；对于警察个人而言，要洁身自好，“出淤泥而不染，濯清涟而不妖”。公安机关既要及时剔除品行不端、为祸群体的警员，创造良好的环境，又要重视对警员的监督和考核。纵容违法乱纪，就等于向全体警员宣告了上层的默许，这样会衍生出有害的警察亚文化，影响警察队伍的战斗力和形象。

“去瘤化运动”

“去瘤化运动”

解释：“去瘤化运动”是斯库尔在 1977 年提出的，描述了去瘤化运动对控制精神疾病具有重要影响。这也被应用在了社会对犯罪的控制上，也就是铲除危害安全的犯罪及混乱的毒瘤，来保证社会的安全与稳定。在政治应对犯罪这个问题上，一直以来存在着一个倾向，即提倡更多控制。

应用：有组织犯罪、黑恶势力、毒品、卖淫嫖娼等都被视为影响社会治安状况、扰乱社会秩序，甚至影响政权的毒瘤，也一直成为公安等执法部门重点打击的对象。违法犯罪行为是社会的痼疾，如果缺乏有效的控制，就会借助于有利的社会条件不断生长，成为“毒瘤”，这时就会影响社会秩序，危害社会治安，以致限制社会的发展。对这些“社会毒瘤”的打击和清除就是“去瘤化运动”。

对于这些长期积累形成的“社会毒瘤”要采取“运动式”的打击方法，即采取专项整治、集中整治的方式予以快速有力的打击。东莞“扫黄”行动掀起了全国性打击卖淫嫖娼的战役式行动，这一行动使得原本猖獗的卖淫嫖娼不敢在社会上明目张胆地进行，而是被迫转入地下，起到了净化社会风气的作用。类似的，各地公安机关针对特定时期的突出犯罪采取集中式、突击式的打击行动也是一种“去瘤化运动”，这种方式在打击黄、赌、毒犯罪中较为常用，改革开放以来历次“严打”行动就是“去瘤化运动”的典型。

风筝原理

风筝原理

解释：风筝之所以能够在天空飞翔，是因为它被人们用线牵着，没有线的牵连和导引，风筝就失去了方向，最终会飘落坠地。线的作用对风筝是至关重要的，虽然它不易觉察。

应用：公安机关在社会治安控制中要发挥主导作用。公安机关进行社会控制时既要施加一定的力量，控制违法犯罪等社会不稳定因素，以保证社会秩序顺着有利于社会良性发展的方向运行；同时也不能用力过猛，影响社会发展的活力，以保证社会健康而稳定地运行。

公安机关对重点人口的管理也要讲究控制的策略。相较于一般人口，重点人口具有较大的潜在危害性，这就是公安机关对其进行重点关注和管理的原因。然而，重点人口拥有与一般人相同的权利，也需要适当的发展空间。如果公安机关对重点人口管束的方式过于死板，不仅限制了他们发展的空间，而且会对他们的正常生活和工作产生影响。然而，如果对这部分人口的管理过于松懈，甚至放任不管，个别人极有可能因为积习难改，重新踏上违法犯罪的道路。所以，公安机关在实施重点人口管理时，要把握管理的度，总的原则是不限制管理对象的正常工作和生活，但又能够及时掌握其动态，采取适度干预的方法教育和帮助管理对象，使之处于公安机关有效控制之下。一旦发现有违法犯罪的苗头，就迅速采取行动，将危险消除于未发之时。

树枝原理

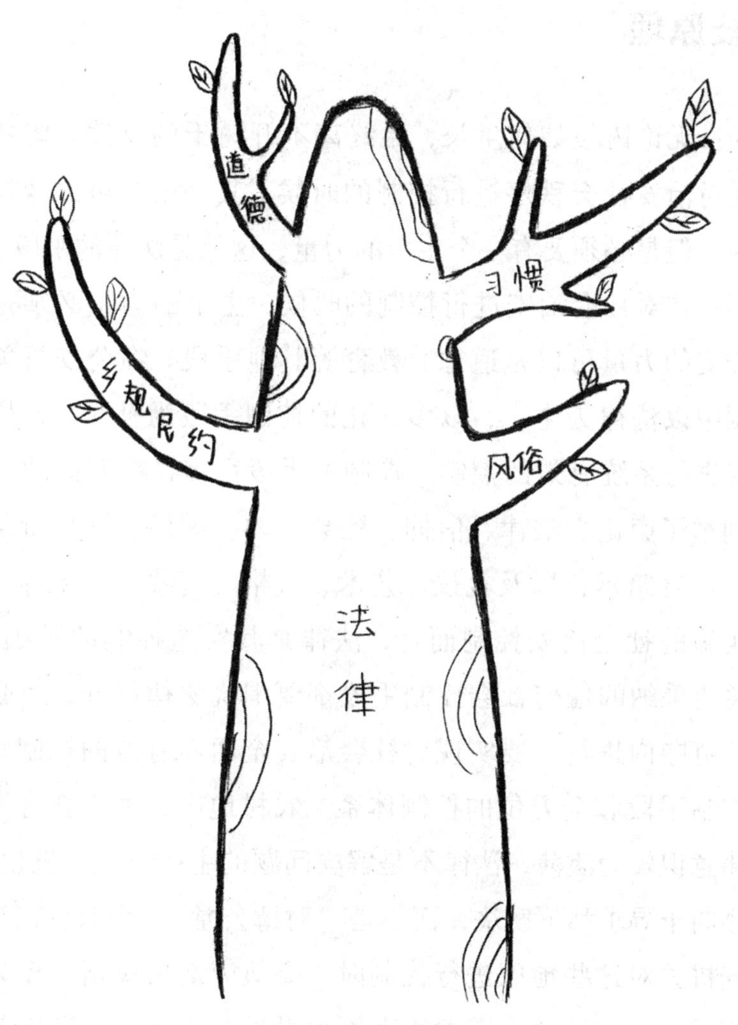

树枝原理

解释：无论树枝如何生长，始终离不开树干的支撑。树枝原理旨在说明在对治安社会秩序进行控制的时候，其手段是可以像树枝那样多元化的，但是必须要有一个主干的力量，这就是法律的手段。

应用：在对社会治安进行控制的时候，主干的力量必须是法律的手段，分支的力量可以是道德、教育等其他手段。在公安机关实施的社会控制中以法律为主干，以多元化的控制手段为补充，这样才能对社会治安进行系统有效的控制。控制的手段很多，在罗斯的《社会控制》中列举了舆论、法律、信仰、社会宗教、理想、社会价值观、伦理法则、社会暗示，以及礼仪、艺术、人格、启蒙、幻象等。对于公安机关实施的社会治安控制而言，法律是其实施控制的基础和依据，公安机关所采纳的任何社会控制手段都要围绕法律展开，都必须在法律规定的范围内进行。要实现对社会治安全面而有效的控制，需要多元化的控制手段和全方位的控制体系。农村地区，由于教育滞后，人们的法律意识较为淡薄，法律不是解决问题的主要方式。发生纠纷时，人们更倾向于寻求私下解决，而不是“对簿公堂”、采取诉诸法律的方式。公安机关对这些地区进行控制时，要适应地情民情，充分利用当地宗族权威、乡规民约、道德约束等力量进行控制。公安机关要同村委会这一群众性基层自治组织保持密切联系，通过指导治保会的治安活动、为乡规民约的制定提供法律建议、监督纠纷调解的进行和落实等方式参与农村的管理工作，这些方式实质上就是一种控制。

树枝原理也可以用于解释社会治安力量的构成。在社会治安防控工作中，公安机关是主导力量，社会组织、企事业单位、治安志愿者等多元化的社会力量是治安防控工作的辅助力量。社会治安防控工作要以公安机关为主干，由公安机关在宏观层面上对社会治安防控工作进行整体筹划和部署，指导社会治安力量的治安防控工作，由社会治安力量落实具体的治安防控工作。公安机关在构建社会治安防控网络的过程中，要积极引入社会力量，扩大社会治安防控力量，全面覆盖各个社会领域，使治安防控力量遍布社会各个角落，形成社会治安的网状覆盖和全面控制。

鱼钩与长矛

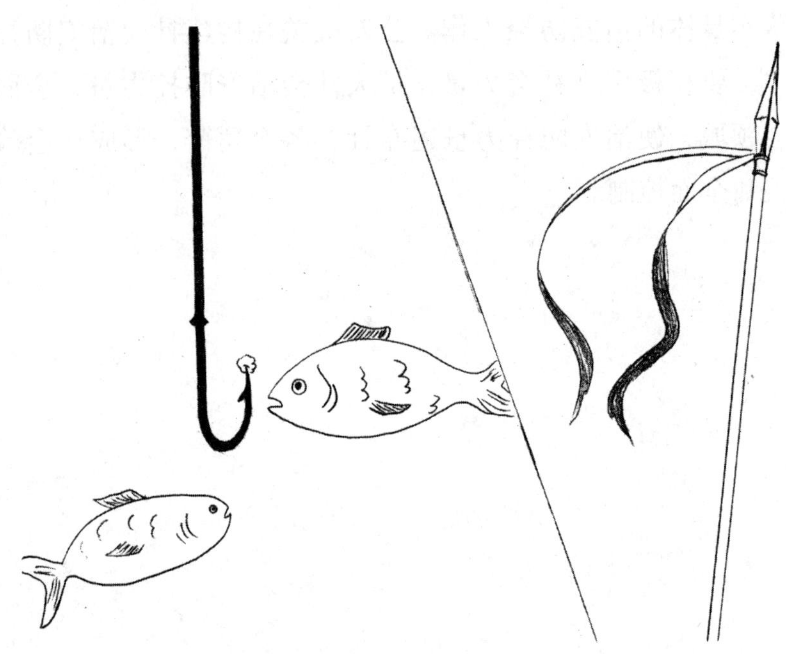

鱼钩与长矛

解释：鱼钩指对方有意通过言行激起警察过度反应，是一个圈套。长矛指严重的犯罪行为，警方应该严厉进行打击的行为。

应用：警方有可能犯的错误是，用对付长矛的手段来对付鱼钩，或者错把鱼钩当作长矛。警方对付鱼钩要软处理，要宽容对待，不能过激反应，更不能用高压手段予以打击。相反，对于长矛一定要果断出击，严惩不贷，毫不手软，并及时把真相公布于众。

公共安全事件发生时，警方需要应对汹涌而至的媒体。少数媒体为了吸引公众的眼球，在采访时向警方提出的问题往往比较尖锐，面对媒体的质疑和指责，公安机关新闻发言人要保持镇定，不能乱了阵脚。因为失态的表现，只会影响公安机关的公共形象，让居心不良的人得逞。所以面对公共场合可能出现的任何情况，公安机关的新闻发言人都要处之泰然，要以宽容大度的姿态耐心解答公众的疑问、回应公众的质疑，以对付鱼钩的方式对待警务公关。但是对于网络谣言散布不实传言，恶意抹黑公安机关的形象，造成恶劣社会影响的，公安机关就应以对付长矛的方式坚决予以反击，一旦对方触犯了法律的底线，公安机关就应依法严肃处理，严厉打击。

对于大部分的言论，警方不应反应过于激烈，要严防上钩。“行动”才是警方应该严阵以待的对象，而且有些行动就是长矛。警方切忌把言论当作行动，而是应该严格区别对待。对于鱼钩和言论，警方应该大题小做、大事化小、小事化无。对于长矛和行动，警方应该大题大做、适度反应、适度处理，但是应该避免小题大做。因此，警方的反应适度十分重要，切忌把首发事件当作事件的整体，切忌上当中招，切忌“上钩”受骗。

高压锅原理

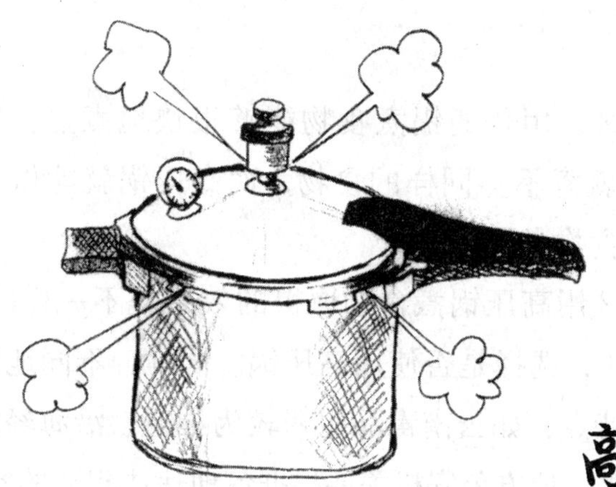

高压锅

高压锅原理

解释：在平原地区，用普通锅煮食物能够很快地煮熟；但是，在高原地区，同样的火就煮不熟同样的食物，而高压锅就能做到，平原地区用高压锅就会将食物煮烂。

应用：在不同地区用高压锅煮食物取得的效果是不一样的。因此，要根据不同地区的气压，选择是否使用高压锅。同样，不同地区违法犯罪情况具有不一样的特点，如云南毒品犯罪较为猖獗、沿海经济发达地区经济犯罪较为突出等，地方公安机关要根据各地违法犯罪的实际情况，以本地区的突出犯罪为工作重点，实行有针对性的警务政策，采取有效的打击措施，并根据违法犯罪的情况，调整打击的规模和力度。

公安机关加强打击违法犯罪的力度，对违法犯罪形成高压态势，能够有效控制犯罪，在一定时间内减少违法犯罪的发生。但是，这种高压政策并不适用于所有地方。有些地区采取适当的打击手段就能解决问题，如果针对出现的犯罪采取高压打击手段，则是对警力资源的浪费；有些地区社会发展较快，违法犯罪基本处于社会所能容忍的限度之内，如果公安机关对犯罪采取高压政策，则会限制社会发展的活力。对何种类型的犯罪进行集中打击、采取何种程度的打击力度，以及适用何种打击政策都要以各地的实际情况为基准。不加研究和分析就盲目适用高压打击政策，不仅会浪费警力资源，而且会限制社会发展的活力。

靶标法

靶标法

解释：肺癌生物靶向治疗是目前最具希望的治疗策略。与传统的化疗不同，它可以特异性地作用于肿瘤细胞的某些特定位点，而这些位点在正常细胞通常不表达或很少表达。因此，靶向治疗的药物具有高度选择性地杀死肿瘤细胞而不杀伤或仅很少损伤正常细胞的特点。靶向治疗的安全性和耐受性极好，毒副作用很小。

应用：靶标法的特点突出体现为对目标的精确打击。公安机关现行的警务政策以常规治安防控工作为主，专项整治行动为辅。专项整治行动就是针对特定阶段突出的治安问题进行集中整治、对违法犯罪进行集中打击，这种目标指向明确的整治行动，能在短时间内调集警力，集中实施对特定违法犯罪的精确打击，以遏制违法犯罪的增长势头和嚣张气焰。例如，东莞“扫黄”行动以高档娱乐场所为主要对象，进行集中突击式检查，一举捣毁多处卖淫嫖娼场所，抓获卖淫嫖娼人员，使原本猖獗的卖淫嫖娼现象得到了控制。

大型活动的安保工作同样要制订具有针对性的安全保卫方案。根据活动的性质、参与人员、举办场所等特点，预见可能发生的状况、存在的安全隐患和保卫的薄弱环节，制订相应的安全保卫预案。对于警力的部署，不是采取平均分配警力的做法，而是选择重点部位进行重点保卫。划分安全保卫责任区，将责任落实到个人也是靶标法的体现，由主管民警负责特定区域的安全保卫，由于范围明确，主管民警能对责任区进行细致的考察和了解，采取具有针对性的安全保卫措施。

避雷针效应

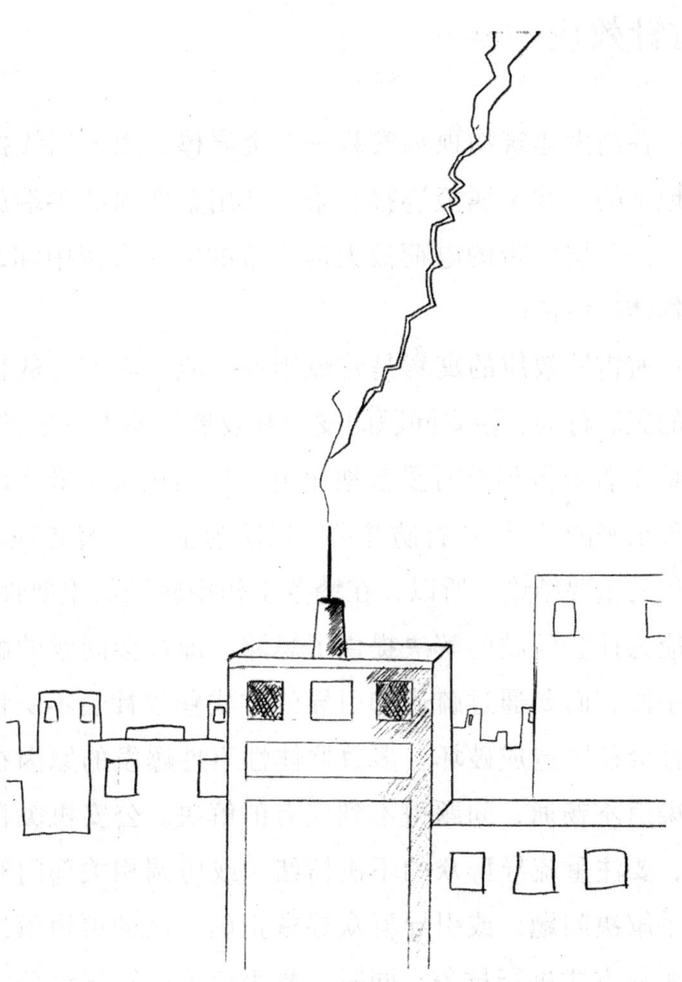

避雷针效应

解释：在高大建筑物顶端安装一支金属棒，用金属线把这支金属棒与埋在地下的一块金属板连接起来，利用金属棒的尖端放电及金属的导电性，使云层所带的电荷被大地所带的电荷直接中和，从而保护建筑物等物体避免雷击。

应用：避雷针效应的寓意是善疏则通、能导必安。从轻微违法行为到严重的犯罪行为，治安问题的发生和发展遵循着一定的内在逻辑，治安问题是矛盾未得到及时妥善地化解，长期积聚，最终以违法犯罪的形式表现出来的结果。“打防并举，以防为主”的警务理念是长期公安实践得出的重要结论。所以，在警务工作中防控的重要性日渐凸显。避雷针效应为社会问题的解决提供了思路，即社会问题的解决不能采取强硬的手段，而要通过疏通和引导的方式释放社会不满情绪，使其不至于对社会秩序造成破坏。多数群体性事件爆发的原因在于群众的利益诉求渠道不畅通，问题得不到应有的解决。公安机关在处置群体性事件时，要注重疏导群众的不满情绪，或协调相关部门对问题作出回应并着手解决问题，或引导群众寻求正确合法的渠道解决问题，而不是以违法的方式进行抗争。同时，要避免矛盾转移至公安机关，演变成警民冲突。

避雷针效应对于治安调解也具有启发意义。警察在进行治安调解时，首先要善于疏导纠纷双方的不满情绪，逐步引导双方冷静下来进行协商，并接受调解。正是由于问题得不到解决，导致问题升级，才产生纠纷，双方都站在各自的角度思考问题，都认为自己有理，在纠纷中双方对彼此都有不满，都有怒气。警察在调查了解情况时要分别听取当事人说明情况，此时警察要通过使用技巧帮助当事人排解不满情绪，并通过摆事实、讲道理，逐步安抚当事人的情绪，使其冷静下来。只有双方冷静下来，才有进行理性思考的可能，这是双方对矛盾进行磋商和谈判、配合警察进行调解的前提条件。其次，引导双方认识自身的错误，理性权衡利弊，作出妥协和让步。在了解了基本情况后，警察能对矛盾的焦点作出基本的判断，在此基础上，要以法律为依据，分别告知双方各自的错误之处及相应的法律后果，尽可能引导双方接受调解。在调解中，警察协调双方进行妥协和让步，引导双方在调解过程中消除误解、化解矛盾。问题彻底解决后就不会有日后再次爆发冲突的隐患。调解的关键在于疏通和引导，通过警察的居间调解，让双方知晓彼此的利益要求，冷静思考，理性权衡，作出妥协和让步，最终握手言和，化解纠纷。

路径依赖原理

解释：在经济学界，“路径依赖”是一个使用频率极高的概念，说的是人们一旦选择了某个制度，就好比走上了一条不归之路，惯性的力量会使这一制度不断“自我强化，让你轻易走不出去”。一个广为流传的例证是：现代铁路两条铁轨之间的标准距离是四英尺又八点五英寸。为什么采用这个标准呢？因为这是来源于古罗马两匹拉战车的马的屁股的宽度。

应用：路径依赖原理的启发在于警务实践中公安机关要注重思维创新和理论创新，克服路径依赖的“惯性”作用。

近年来实行的派出所改革，“三级变两级”“做大做强派出所”，实质上是把“市局—分局—派出所”改变成“市局—派出所—社区警务室”的模式，使警力下沉、重心下移、权力下放、保障下倾，使警务贴近群众，扎根社区，减少行政事务分散警力资源。这种警务创新属于正反馈路径，即进一步完善而不是从根本上改变。而负面的“路径依赖”往往是警务工作的掣肘。克服“路径依赖”，首先要开拓思维，接触前沿理论，并努力将理论成果转化为实践，不断开拓创新，开创警务工作的新局面。

螺纹千斤顶

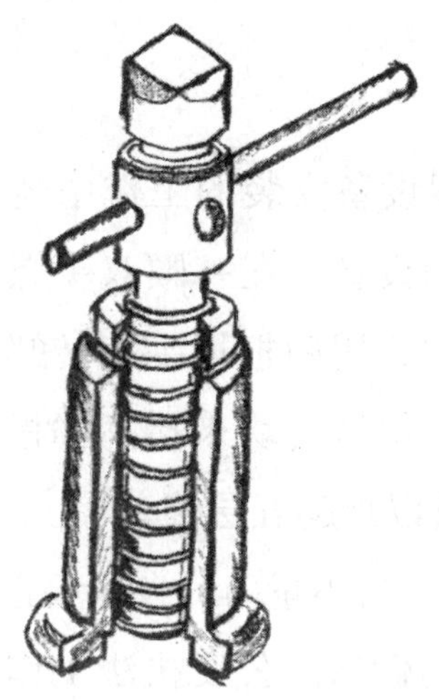

螺纹千斤顶

解释：大型机械工程设备安装的工作中经常使用螺纹千斤顶的原理来抬升、移动上百吨的设备，在一颗双头螺栓底部垫砖，螺栓顶部垫铁板至所需撑起的部位，用两把扳手旋转螺栓上的螺母，并可多用几个螺栓顶，交替顶高并填塞砖块来抬高楼板，由于螺纹可承受上百吨的重力，两把扳手就可以顶起五层楼。

应用：“鸡蛋碰石头”自不量力，自取灭亡，而“四两拨千斤”以智慧对抗蛮力是更可取的做法。公安执法工作不仅需要依靠法律，还需要依靠警察的智慧。违法犯罪现场是聚众斗殴还是两人打架、违法者处于清醒状态还是醉酒状态，警察要区分不同的情境采取不同的处置策略和措施，这不仅决定了处置的成效，而且决定了警察执法的安全性。面对一群持刀互砍的醉汉，当到达现场的只有一两名警察，实力对比悬殊的情况下，警察如何制止违法犯罪行为不仅关乎处置的结果，而且关乎警察自身的安危。凭着一腔热血，贸然冲上前去制止，很可能受伤，而如果换一种策略却可以避免不必要的流血。面对这种情况，警察在安全距离之外对着这群醉汉进行口头警告和制止，要求其放下武器，然后让醉汉一一走到跟前，再进行控制，这样的处置相比于贸然冲入人群更为成功。在公安执法中，很多情况下以警察一人之力强制制止违法犯罪行为很可能使警察陷入危险的境地。警察执法首先要保障自身的安全，这是同违法犯罪作斗争的基础。而强调执法安全并不是让警察在面对执法危险时退缩，而是要让警察在执法中要保持一种清醒，对现场的情况、对自身的处境都有清楚的认识和判断，在保证执法安全的前提下与违法犯罪斗智斗勇。警察执法的智慧不仅能使警察在与违法犯罪作斗争中取得“四两拨千斤”的效果，而且能够减少很多不必要的流血和牺牲。

互惠关系定律

互惠关系定律

解释："给予就会被给予，剥夺就会被剥夺。信任就会被信任，怀疑就会被怀疑。爱就会被爱，恨就会被恨。"这就是心理学上的互惠关系定律。

应用：警务其实就是处理人与人之间的关系，维持一种安全有序的状态，警务工作的开展以人为中心，既要服务于人，也要借助于人。互惠关系定律指出了在人际关系中建立和发展互惠关系的重要性。同样，要提高警务工作的质量和效率，离不开和谐警民关系的建立，即互惠关系的建立。警民互惠关系的建立首先要尊重民众，让民众以主人翁的姿态参与到警务工作中，提高民众对警务的支持和认同。同时，警务工作的有效开展需要民众的合作与协助，正视警察力量的局限性，充分挖掘社会治安资源，以社会之力共同维护社会治安。

社区民警与社区居民互惠关系的建立是社区警务的基础，合法公正地调解邻里纠纷、有效打击社区违法犯罪、为居民提供便捷的安全管理服务，让社区居民实实在在地感受到社区警务的好处，换取社区居民对社区警务工作的支持，为社区民警提供社区治安情报、担当维护社区治安的志愿者、协助社区民警进行安全防范宣传教育，等等。互惠关系的建立，既有利于警察推行社区警务、维护社区治安，也有利于社区居民感受自身的价值和尊严、享受安全有序的社区环境。

法律 ADR

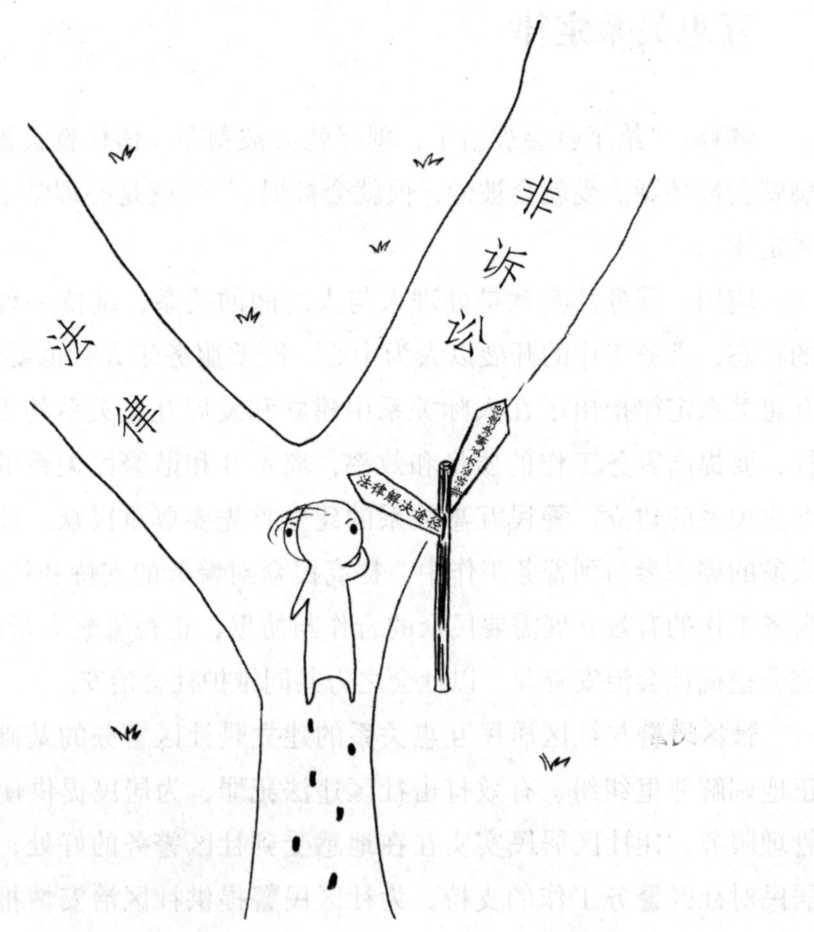

法律 ADR

解释：法律 ADR 是 Alternative Dispute Resolution 的缩写，其字面意思指替代性纠纷解决方式，或诉讼外纠纷解决方式。意指通过多种诉讼外的方式替代诉讼方式解决纠纷，又称为多元化纠纷解决机制，或称为非诉讼纠纷解决机制、法院外纠纷解决机制。ADR 作为替代性纠纷解决机制的优势表现为：充分发挥作为中立调解人的专家意见在纠纷解决中的作用；以妥协而非对抗的方式解决纠纷，有利于维护长期关系；令当事人有更多的机会参加纠纷解决；保守个人隐私和商业秘密；当法律规范相对滞后时，提供一种灵活的纠纷解决程序；允许当事人依自主和自律原则选择适用的行为规范；经当事人理性协商和妥协可能实现“双赢”。

应用：《治安管理处罚法》规定对于一些因民间纠纷引起的打架斗殴、毁坏他人财物等情节比较轻微的违法行为，在当事人各方自愿接受调解，以及警察在合法裁量之下认为可以适用调解的前提下，可以进行调解。我国历史上存在“皇权不下县”的现象，县以下地区的民事纠纷往往接受绅权的管理，非不得已绝不对簿公堂。因为如果事情达到必须借助公权力来解决，这也就说明事件的利益关系得到裁判后当事人之间没有调和的可能。虽然绅权控制已经消失，但是费孝通先生所指出的“熟人社会”的那一套行为规则在当今社会仍发挥着一定的控制作用。对于陌生人之间，诉诸司法途径解决问题，相关责任和利益分配一目了然；而对于抬头不见低头见的乡邻、亲属、朋友等处于一定关系网络之中的人们出现纠纷时，除非达到决裂程度，不然当事人，以及当事人周围的人还是倾向于调解。处置纠纷类警情时，民警应充分考虑当事人之间的特殊关系，在具备调解条件的前提下，尽量促成当事人各方达成调解。同时，积极适用调解只能作为在法律规定范围内的处置政策，对于不具备调解条件或难以达成调解的案件，民警切不可盲目追求调解结案。

蜂窝煤效应

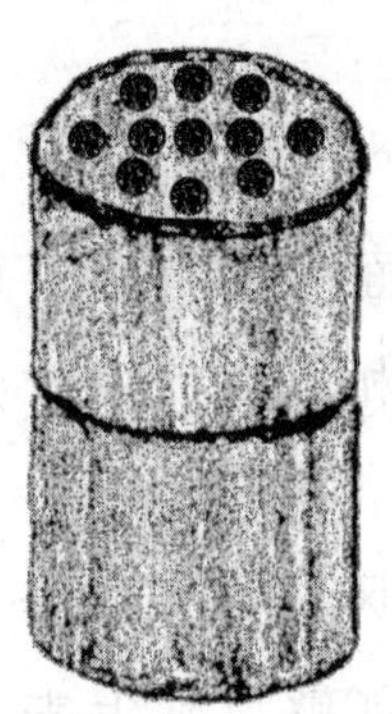

蜂窝煤效应

解释：蜂窝煤是指横断面中部有多个垂直通风圆孔，状似蜂窝的型煤。多块蜂窝煤的通风孔相互对应，才会更好通风，蜂窝煤才会更好地燃烧。

应用：蜂窝煤的有效通风相当于警务工作中警察与群众的沟通。沟通渠道顺畅，群众的意见能够反映上去，群众关心的问题能得到解决，矛盾的根源无法形成，群体性事件就能大大减少。瓮安事件反映出了当地政府对民情的一种漠视，事件的爆发有其深层次的社会根源，官民之间对立的情绪已经达到了临界点，而政府仍不自知，政府与社会之间沟通机制不畅导致矛盾的积累，最终以一个女学生的非正常死亡为导火索引燃了群体性事件。在瓮安事件中，公安机关未能对死者家属的质疑作出有效回应、对于死者死因谣传散布未能觉察或者无动于衷，公安机关既存在着与死者家属之间沟通的问题，又存在着与社会公众沟通的问题，下情不知与反馈不力是事件恶化的助燃剂。

警民之间良好的沟通是调动群防群治力量的前提，警察在组织群防群治工作时要与参与力量进行沟通，在进行决策部署时又要依赖群众力量搜集和汇聚多方治安情报。良性沟通的形成需要一项切实可行的机制，需要借助社会组织的力量，如居委会、保安服务公司、治安自愿者组织等，还需要定期开展群防群治联席会议，加强治安防控各方之间的沟通和交流。

拆屋效应

拆屋效应

解释：鲁迅先生曾于1927年在《无声的中国》一文中写道："中国人的性情总是喜欢调和、折中的，譬如你说，这屋子太暗，说在这里开一个天窗，大家一定是不允许的。但如果你主张拆掉屋顶，他们就会来调和，愿意开天窗了。"这种先提出很大的要求来，接着提出较小、较少的要求，在心理学上被称为"拆屋效应"。这一现象与"登门槛效应"似乎有点异曲同工，这一效应在现实生活中也很常见。

应用：拆屋效应也是警察警务执法与社会管理中常用的和有效的技巧。警察在治安调解中，可以采取适当的技巧促成调解的达成，拆屋效应即是其一，如通过旁敲侧击的方式告知当事人该行为可能导致的法律后果，但不是以最终处罚决定的方式作出，来促使当事人积极推进调解的达成。在治安防控动员工作中，为了调动群众的治安积极性，警察在宣传策略上的选择可以应用拆屋效应，以直观的数字来表现偷盗、诈骗等案件的发案情况，宣传违法犯罪的危害，强调群众在治安防控中的主体地位，宣传辖区内某户人家、某个人因为采取了怎样的安全防范措施避免了多大的损失的方式来凸显治安防范的重要性，突出人人参与治安防控在防范犯罪中所具有的重要作用，以此引起民众对治安防控工作的重视、调动民众参与治安防控的热情。

阿尔巴德定理

解释：阿尔巴德定理是指：一个企业经营成功与否，全靠对顾客的要求了解到什么程度。看到了别人的需要，你就成功了一半；满足了别人的需求，你就成功了全部。

应用：警务工作的成效体现为社会治安状况，民众对社会治安的感知取决于其治安需求获得满足的程度。一个遭受犯罪侵害或者身处犯罪高发环境中或者经常听闻犯罪情况的人会觉得社会治安状况不好，而一个生活环境井然有序、违法犯罪极少耳闻或者违法犯罪都能获得及时有力的打击从而具备对警察力量的信任的人会觉得社会治安状况良好，这好与不好的评价根本上源于一个人的治安需求是否被警察力量所知晓并被满足。这里的治安需求是指人对安全和秩序的需求。所以，公安机关在开展警务活动时不能以自我为中心，要获取确切的治安情况应深入群众，了解群众的治安需求。定期举行社会调查、进行案件回访制度、扎实推进入户走访工作等方式是获取群众治安需求第一手信息的重要方式，更是基层公安机关的基础工作，具有不可替代的作用，犯罪打击是否直击要害、治安防控是否切中时弊，这些警务工作成效的取得必须立基于对社会公众治安需求的深刻体察。

规避艺术

解释：“规避”一词是美国著名咨询师斯蒂文·芬克在其对危机管理的定义中提出的，他认为，危机管理就是对风险与危机的规避艺术。

应用：警察是一种高强度、高压力和高风险的职业。据统计，2010 年至 2014 年，公安民警（含公安现役官兵）因公伤亡 22870 人，其中因公牺牲 2129 人，因公负伤 20741 人，平均每年牺牲 425 人。警察的职业危险性较高。因此，警察在风险环境中更应灵活地运用规避艺术，保护自己。规避艺术不是在犯罪面前胆怯，而是通过巧妙的方式实现自我保护。警察接处警时警用装备是否齐全、警察执法是否严格按照执法规范进行等，不仅体现了警察作为一支纪律队伍所应具备的精神面貌，更是以此起到自我保护的作用。在日常执法中，没有带警用装备导致无法与歹徒相抗衡、没有对犯罪嫌疑人进行搜身检查而被犯罪嫌疑人反咬一口等事例并不少见，根源在于警察自身缺乏自我保护意识，或者心存侥幸，或者麻痹大意，而对于警察这一高危职业而言，一丝的疏忽大意，轻则导致犯罪分子逃脱法律的制裁，重则将是血的代价。所以，规避艺术应作为一种警察智慧，扎根于每一个警察的心中。

威尔德定理

威尔德定理

解释：威尔德定理认为有效的沟通始于倾听，人际沟通始于聆听，终于回答。由英国管理学家 L. 威尔德提出。聆听，意味着谦虚好学，意味着尊重别人。聆听还意味着一种仰望和俯首的姿势，对高于自己的有优点的人，能够以仰望的眼光去倾听；对于低于自己的有缺点的人，则能俯首，放下架子，给予关怀和爱护，去聆听他们的苦衷、困惑、疼痛和祈求。善于沟通的人，有着丰富的情感，一定是个耳朵灵敏的人，他总是善于心平气和地聆听周遭的各种声音，甚至去主动征求听取别人的各种意见，给自己增添智慧和力量。你善于沟通，在公司开讨论会的时候，你就会平静地竖起耳朵先认真听别人说什么，等大家都一一发言完毕，你再说话也不迟。因为，说得漂亮的功夫有一半就在聆听上。

应用：警察在执法过程中扮演着执法权威的角色，不妄下断言、不草率执法是对警察执法的要求。威尔德定理旨在突出聆听的重要性，权威在裁判过程中要充分听取当事人各方的陈述和意见，以法律依据为裁判标准进行认真而仔细的斟酌，权威所发表的评论和意见直接体现了裁判的结果。因此，警察在执法过程中要注意保障当事人的陈述权和申辩权，积极听取当事人各方的陈述和意见，充分了解案件，注意做好案件记录和现场勘查取证工作，以事实为依据，以法律为准绳进行公正合法的裁判。这既是当事人各方对警务权威的合理期望，也是警察作为执法者所应履行的职责。在警务实践中，少数警察对于事件情况清楚、证据确实充分的案件往往就直接作出处罚决定，没有听取当事人的陈述和意见，这样极易导致一方当事人胡乱臆想警察与另一方当事人勾结串通，认为自己遭受不公正对待，而对警察心生怨恨，甚至可能会造成不必要的警民冲突。如果警察在执法过程中能耐心地倾听执法对象对违法事由的解释和申辩，倾听他们的诉求，这样不仅能提高执法质量，而且能够树立起警察执法公正的形象，加强警察执法的权威性，从而更好地开展警务工作。

节点治理

解释：约翰斯通和希林于2003年提出了“节点治理”的观点，更深刻地说明警务工作的发展趋势。该观点在某种程度上概括了近年来警务工作地发展状况，同时也是对未来警务发展趋势的预期。“节点治理”的核心思想认为，国家的主要职能将不再关注公共服务的具体事件，而是侧重于调整保安市场的环境，以及各个保安机构间的竞争。

应用：“节点治理”的核心在于收缩公权力的范围，留予社会更多的自治空间。公安机关负责社会治安关键节点上的掌控，负责警务社会化各社会主体之间的协调和配合，是从总体上来把握社会治安，而具体治安治理措施的落实则有赖于发挥社会治安力量的自主性和积极性。可以说在公安工作上，公安机关充当着社会化警务的调节者和控制者的角色，主要职责在于引导保安服务公司等市场化治安力量之间的竞争、协调志愿性民间自发治安组织之间的治安防控工作、填补社会治安治理空白的空间或在社会治安组织职权发生交叉冲突时充当裁判者等。

蓝斯登原则

蓝斯登原则

解释：蓝斯登原则，是由美国管理学家蓝斯登提出的。他做了一个形象的比喻，当我们往上爬的时候，一定要保持梯子的整洁，否则你下来时可能会滑倒。

应用：蓝斯登原则突出的是一种全局性的思维方式，在做事的过程中，每一步不仅要想着下一步怎么走，还要想着现在这一步所产生的后果，不能只顾眼前，不顾身后。蓝斯登原则强调，抓捕犯罪嫌疑人归案后，警察有必要对犯罪嫌疑人家中的情况进行调查了解，如果犯罪嫌疑人家中有老人、小孩，要注意联系相关单位或人员承担起监护照顾的责任，而不是采取抓捕就了事的态度。

警务谈判是指在处理应急突发的刑事犯罪中，主要由警方的谈判专家承担的一种谈判任务。当案发时，应实际需要，或者由警方主动派出谈判专家介入案发现场，并与犯罪嫌疑人进行谈判。谈判主要任务是通过沟通攻破犯罪嫌疑人的心理防线，促使其放弃犯罪，缴械投降，以免伤及无辜。在进行警务谈判时要综合考虑谈判成本，注意把握警方妥协的限度，以及妥协可能产生的不良社会效应。

苛希纳定律

解释：如果实际管理人员比最佳人数多 2 倍，工作时间就要多 2 倍，工作成本就要多 4 倍；如果实际管理人员比最佳人员多 3 倍，工作时间就要多 3 倍，工作成本就要多 6 倍。

苛希纳定律再简单不过了，它告诉我们：在管理上，并不是人多就好，有时管理人员越多，工作效率反而越差。只有找到一个最合适的人数，管理才能收到最好的效果。苛希纳定律虽是针对管理层人员而言的，但它同样适用于对公司一般人员的管理。在一个公司中，只有每个部门都真正达到了人员的最佳数量，才能最大限度地减少无用的工作时间，降低工作成本，从而达到企业的利益最大化。

应用：警力不足是否真是警务工作最为迫切的问题，这是真命题还是伪命题有待考证。然而基于更为现实的考虑，在财政仅能维持现有警力数量和规模的情况下，从质上而不是从量上提高警力资源的效率成为更为现实可行的做法。俗语有道“好钢用作刀刃上”，通过警力资源的合理配置，将警力配置到最需要的地方，提高警力资源的利用效率，才能实现警务效益的最大化。机关警力膨胀与基层警力不足形成鲜明的对比，警务不是依靠文案工作堆砌而成的，而更多的是由治安巡逻、走访调查、刑事侦查等基础工作构成的，让更多的警力下沉到基层，去从事更为基础的工作，是警务工作改革的方向。减小机构冗员，充实基层警力，让警察更多地去从事直面群众的工作、与犯罪作斗争的工作，这样才能真正盘活警力资源。而这才是警务工作根本之所在，因为警务工作实际上是对人的工作。

六度分离定律

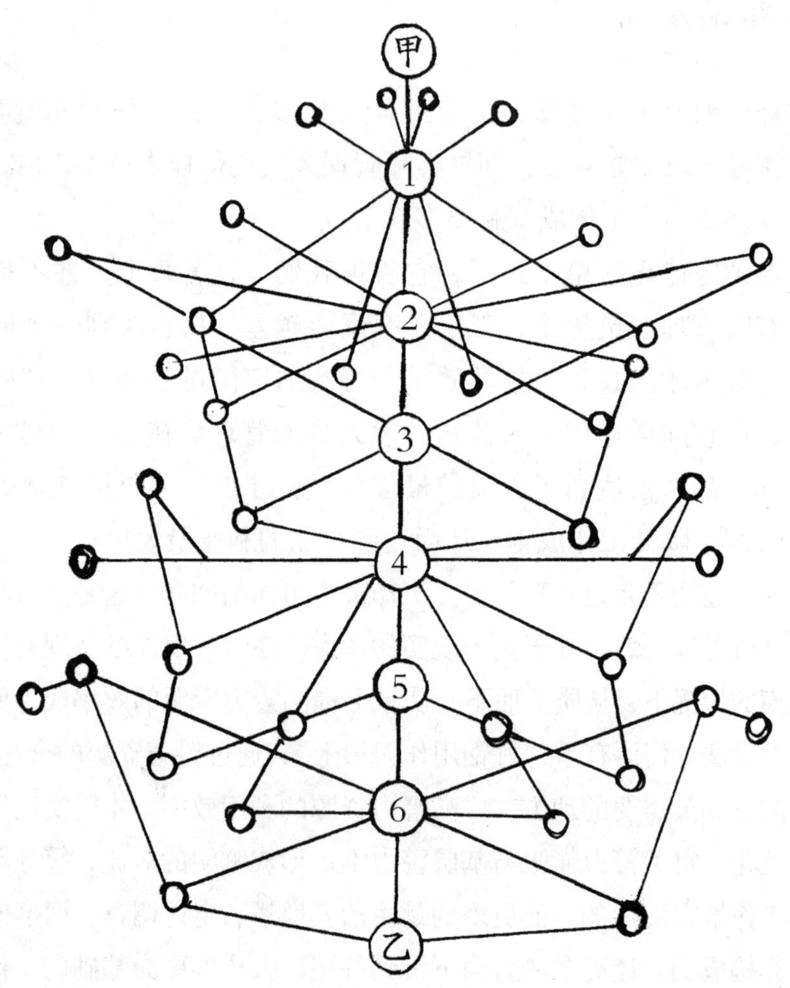

六度分离定律

解释：六度分离定律，是美国社会心理学家米尔格伦于1967年提出的一个假设，该定律认为地球上任意两个陌生人都可以通过“亲友的亲友”建立联系，这中间只要通过5个朋友就能达到目的。该定律是根据世界是普遍联系的原理而提出来的。

应用：通过5个人就能找到任何一个人，这并不是一种妄言。该定律揭示了信息的潜能和价值。信息化时代，公安信息化是公安工作发展的重要方向。情报信息的运用对于侦查的精确打击和治安重点控制具有重要意义。

侦查工作是一项艰巨而烦琐的工作，当侦查工作暂时失去线索、一时陷入僵局时，努力寻找突破口成为侦查工作的重点。雁过留声，犯罪实施后必留下痕迹，坚信这一点是警察推行侦查工作的动力。随着科学技术的发展，以及公安科技化运用水平的提高，现在已经能够采取技术侦查、信息侦查等先进侦查手段寻找犯罪线索，不断打开侦查犯罪的突破口。

六度分离定律体现了通过信息加工对信息进行进一步的解读能获取新的信息，这对公安机关的启发在于，基础信息的采集和综合处理能够用于预警和研判。旅馆、网吧等场所的登记制度，特殊场所从业资格审查，汽车、火车和飞机等票证实名制，全国人员信息联网，以及部分地区自建“打防控”数据库系统等措施的实行使得公安机关能够实现对人员轨迹的追踪、对违法犯罪的提前预警。以“打防控”系统为例，有卖淫、嫖娼、吸毒、赌博、寻衅滋事或打架斗殴等治安违法记录的人员一旦进入责任辖区，如在辖区宾馆入住、在网吧上网等，一旦其身份证信息录入公安联网系统，责任派出所将迅速截获警报，对相关人员及时进行关注，必要时进行针对性的检查，从而有效预防和制止犯罪。

渔网法则

渔网法则

解释：在一个渔业资源丰富的水域，捕鱼量的大小是由渔网的疏密程度决定的。渔网的网口越稀疏，捕鱼量越小，只能捕到大鱼；反之，网口越紧密，捕鱼量越大，收获的鱼有大有小。

应用：社会治安状况好比水域情况，鱼量的大小好比违法犯罪的程度，公安机关对犯罪控制的力度可以比作渔网网口的疏密程度。公安机关应该根据社会治安状况把握控制的力度，当社会治安状况较为恶劣时，公安机关就要收紧网口，对各类违法犯罪行为实施有力的打击和控制；当社会治安状况较为平稳时，可以松开网口，集中警力打击顶风作案的重大违法犯罪行为。